大学生创新创业实践手册

DaXueSheng ChuangXin ChuangYe ShiJian ShouCe

主　编　杨复伟　张美华

副主编　刘小娇　高　莉　卢　潘　陈　浩

重庆大学出版社

内容提要

本书从创新创业教育的背景和意义讲起,通过个人综合创业能力评估、创业项目选择、目标市场开拓、创业团队组建、启动资金预测、资金运作规划、创业计划书撰写、项目路演等方面的知识介绍和实践训练,培养和激发大学生的创新创业意识,同时帮助大学生初步掌握创新创业的基本技能,为其将来就业创业打下良好的基础,帮助其顺利地走向社会,成为社会主义建设的有用之才。

本书可作为高校创新创业类课程的教材,也可供从事创新创业教育工作的教师及社会相关人士参考。

图书在版编目(CIP)数据

大学生创新创业实践手册/杨复伟,张美华主编
. -- 重庆:重庆大学出版社,2021.3(2024.12 重印)
ISBN 978-7-5689-2530-3

Ⅰ.①大… Ⅱ.①杨… ②张… Ⅲ.①大学生—创业
—高等学校—教材 Ⅳ.①G647.38

中国版本图书馆 CIP 数据核字(2020)第269110号

大学生创新创业实践手册

主 编 杨复伟 张美华
副主编 刘小娇 高 莉 卢 潘 陈 浩
特约编辑:黄澄壤
责任编辑:顾丽萍 版式设计:顾丽萍
责任校对:王 倩 责任印制:张 策

*

重庆大学出版社出版发行
出版人:陈晓阳
社址:重庆市沙坪坝区大学城西路21号
邮编:401331
电话:(023)88617190 88617185(中小学)
传真:(023)88617186 88617166
网址:http://www.cqup.com.cn
邮箱:fxk@cqup.com.cn(营销中心)
全国新华书店经销
重庆华林天美印务有限公司印刷

*

开本:787mm×1092mm 1/16 印张:12.25 字数:270千
2021 年 3 月第 1 版 2024 年 12 月第 5 次印刷
印数:21 701—29 150
ISBN 978-7-5689-2530-3 定价:39.00 元

前　言

中华民族是具有创新精神的伟大民族,以卓越的创造能力屹立于世界民族之林。"苟日新,日日新,又日新",是对中华民族创新精神的真实写照。新中国成立以来,得益于这种创新精神,中华民族能够在千疮百孔的社会基础上再度崛起,社会和经济快速发展,走在世界民族之林前列。因此,习近平总书记在庆祝改革开放40周年大会上指出:"创新是引领发展的第一动力。抓创新就是抓发展,谋创新就是谋未来。"

2010年5月4日发布的《教育部关于大力推进高等学校创新创业教育和大学生自主创业工作的意见》(教办〔2010〕3号)指出,"大学生是最具创新、创业潜力的群体之一"。文件提出,在高等学校开展创新创业教育,积极鼓励高校学生自主创业,是教育系统深入学习实践科学发展观,服务于创新型国家建设的重大战略举措;是深化高等教育教学改革,培养学生创新精神和实践能力的重要途径;是落实以创业带动就业,促进高校毕业生充分就业的重要措施。

2015年5月13日,发布了《国务院办公厅关于深化高等学校创新创业教育改革的实施意见》(国办发〔2015〕36号),明确提出:"深化高等学校创新创业教育改革,是国家实施创新驱动发展战略、促进经济提质增效升级的迫切需要,是推进高等教育综合改革、促进高校毕业生更高质量创业就业的重要举措……"

近年来,各级政府、各部门、各高校加大宣传和投入,鼓励创新创业,大学生本身更是以实际行动积极投身于创新创业之中,"创新创业""双创"等词汇可谓是人尽皆知!

目前,全国各高校实施的创新创业教育,可谓是百花齐放、百家争鸣:有些高校非常注重基础理论的普及,有些高校则更关注少数"精英"学生的参赛成绩或实践成果。但我们应该清醒地认识到,高校创新创业教育的核心目标是"培养大学生的创新创业精神,提升大学生的创新创业能力",不是实现"大学生人人创新创业"。

我们认为,创新创业教育应实现"创新创业意识教育全覆盖,创新创业技能提升有选择,创新创业实践教育供平台",做到"因地制宜""因材施教",真正为大学生提供其需要的个性化服务和指导。如何实现这一目标定位,是我们多年来一直关注并在实践中尝试解决的问题。本书在结合国内相关书籍和国际知名创业培训项目"SIYB"教材精髓的基础上,充分考虑大学生创新创业教育多年来的实际情况,我们开发并编写了本书,其核心目标是让大学生在基础理论学习的基础上,通过实践来巩固所学,学以致用。

本书具有以下特点：

首先，通俗易懂。本书更加注重学生实践能力的提升，在实践中进行学习和体验，因此，本书的理论部分相对浅显。

其次，进行模块化设计。各章节之间既相互关联，层层递进，又相对独立，各自成章，将创新创业涉及的相关问题分类讲述。

最后，注重实效，注重大学生创新创业实践能力的培养。通过案例导读、思考练习和课后实践，最终形成创业计划书并进行项目路演，培养大学生的创新创业精神并提升大学生的创新创业能力。

本书在课程试点的过程中逐步编写形成讲义，并在教学过程中不断完善后正式出版，立足可读性和指导性，注重理论与实践相结合，体现了系统性、有效性和实用性的特点。

本书由杨复伟担任第一主编，张美华担任第二主编，刘小娇、高莉、卢潘、陈浩担任副主编，各章节的编写工作由武汉工程科技学院创新创业教育师资团队完成。具体分工如下：第一章和第十章，杨复伟；第二章，杨复伟、刘小娇；第三章，张美华；第四章，张美华、高莉；第五章，陈浩；第六章，孙珂；第七章和第八章，卢潘；第九章，刘小娇。全书由杨复伟统稿，张美华、刘小娇、高莉、卢潘、陈浩协助。

本书从创意、构思、编写直到出版，得到了诸多专家和老师的帮助与指导，在此表示诚挚的谢意！此外，在编写过程中参考、借鉴了学术界同人的成果和观点，限于篇幅未能一一列出，在此一并表示诚挚的敬意和感谢！

不得不说，"创新创业教育"对于很多高校而言本身就是在"创新创业"，加上编者水平和时间有限，不免有所疏漏，请相关专家和广大读者对本书的不足之处批评指正，以便再版时更正。

编　者
2021 年 1 月

目　录

CONTENTS

第一章 创新创业教育的意义和背景

"大众创业、万众创新"出自2014年9月夏季达沃斯论坛上李克强总理的讲话。从此以后,"大众创业、万众创新""双创"等热门词汇越来越多地进入大众的视野……

【学习目标】

1. 了解国家对创新创业教育实践的重视程度;
2. 了解高校对创新创业教育实践的重视程度;
3. 重新认识创新创业教育实践对大学生的意义。

【案例导读】

2020年6月3日,发布了《教育部关于举办第六届中国国际"互联网+"大学生创新创业大赛的通知》(教高函〔2020〕5号),全文如下:

教育部关于举办第六届中国国际"互联网+"
大学生创新创业大赛的通知

教高函〔2020〕5号

各省、自治区、直辖市教育厅(教委),新疆生产建设兵团教育局,有关部门(单位)教育司(局),部属各高等学校、部省合建各高等学校,国家开放大学:

为全面落实习近平总书记给中国"互联网+"大学生创新创业大赛"青年红色筑梦之旅"大学生的重要回信精神,深入推进大众创业万众创新,引领创新创业教育国际交流合作,加快培养创新创业人才,促进创新驱动创业、创业引领就业,定于2020年6月至11月举办第六届中国国际"互联网+"大学生创新创业大赛。现将有关事项通知如下。

一、大赛主题

我敢闯、我会创

二、大赛目的与任务

以赛促学,培养创新创业生力军。大赛旨在激发学生的创造力,激励广大青年扎根中国大地了解国情民情,锤炼意志品质,开拓国际视野,在创新创业中增长智慧才干,把激昂的青春梦融入伟大的中国梦,努力成长为德才兼备的有为人才。

以赛促教,探索素质教育新途径。把大赛作为深化创新创业教育改革的重要抓手,引导各类学校主动服务国家战略和区域发展，深化人才培养综合改革，全面推进素质教育，切实提高学生的创新精神、创业意识和创新创业能力。推动人才培养范式深刻变革，形成新的人才质量观、教学质量观、质量文化观。

以赛促创，搭建成果转化新平台。推动赛事成果转化和产学研用紧密结合，促进"互联网+"新业态形成，服务经济高质量发展，努力形成高校毕业生更高质量创业就业的新局面。

三、大赛总体安排

第六届大赛将力争做到"五个更"。一是更国际。立足粤港澳大湾区，融入全球创新创业浪潮，汇聚世界一流大学，打造同场竞技、相互促进、人文交流的国际大平台。二是更教育。深化创新创业教育改革，构建德智体美劳"五育平台"，培养学生敢闯的素质、会创的能力；助力脱贫攻坚，提升学生社会责任感和担当精神。三是更全面。做强高教、国际、职教、萌芽各版块，探索形成各学段有机衔接的创新创业教育链条，实现区域、学校、学生类型全覆盖。四是更创新。广泛开展大学生和中学生创新活动，助推科研成果转化应用，服务国家创新发展。五是更中国。以大赛为载体，推出创新创业教育的中国经验、中国模式，提升我国高等教育的影响力、感召力和塑造力。

第六届大赛将举办"1+6"系列活动。"1"是主体赛事，包括高教主赛道、"青年红色筑梦之旅"赛道、职教赛道、萌芽赛道。"6"是6项同期活动，包括"智闯未来"青年红色筑梦之旅活动、"智创未来"全球创新创业成果展、"智绘未来"世界湾区高等教育峰会、"智联未来"全球独角兽企业尖峰论坛、"智享未来"全球青年学术大咖面对面、"智投未来"投融资竞标会。

四、组织机构

本届大赛由教育部、中央统战部、中央网络安全和信息化委员会办公室、国家发展改革委、工业和信息化部、人力资源社会保障部、农业农村部、中国科学院、中国工程院、国家知识产权局、国务院扶贫开发领导小组办公室、共青团中央和广东省人民政府共同主办，华南理工大学、广州市人民政府和深圳市人民政府承办。

大赛设立组织委员会（简称大赛组委会），由教育部部长陈宝生和广东省省长马兴瑞担任主任，教育部副部长钟登华和广东省副省长覃伟中担任副主任，教育部高教司长吴岩担任秘书长，有关部门（单位）负责人作为成员，负责大赛的组织实施。

大赛设立专家委员会，由中国工程院原常务副院长潘云鹤担任主任、国家知识产权局原局长田力普担任副主任，行业企业、投资机构、创业孵化机构、大学科技园、公益组织、高校和科研院所专家作为成员，负责参赛项目的评审工作，指导大学生创新创业。

大赛设立纪律与监督委员会，对大赛组织评审工作、协办单位相关工作进行监督，对违反大赛纪律的行为予以处理。

大赛总决赛由中国建设银行冠名支持，各地教育部门可积极争取中国建设银行分支机构对省赛的赞助支持。大赛由相关组织参与协办（名单经大赛纪律与监督委员会认可后另发）。

各省(区、市)和新疆生产建设兵团可根据实际成立相应的机构,开展本地初赛和复赛的组织实施、项目评审和推荐等工作。

五、参赛项目要求

1. 参赛项目能够将移动互联网、云计算、大数据、人工智能、物联网、下一代通信技术、区块链等新一代信息技术与经济社会各领域紧密结合,服务新型基础设施建设,培育新产品、新服务、新业态、新模式;发挥互联网在促进产业升级以及信息化和工业化深度融合中的作用,服务新型基础设施建设,促进制造业、农业、能源、环保等产业转型升级;发挥互联网在社会服务中的作用,创新网络化服务模式,促进互联网与教育、医疗、交通、金融、消费生活等深度融合。

2. 参赛项目须真实、健康、合法,无任何不良信息,项目立意应弘扬正能量,践行社会主义核心价值观。参赛项目不得侵犯他人知识产权;所涉及的发明创造、专利技术、资源等必须拥有清晰合法的知识产权或物权;抄袭、盗用、提供虚假材料或违反相关法律法规一经发现即刻丧失参赛相关权利并自负一切法律责任。

3. 参赛项目涉及他人知识产权的,报名时须提交完整的具有法律效力的所有人书面授权许可书、专利证书等;已完成工商登记注册的创业项目,报名时须提交营业执照及统一社会信用代码等相关复印件、单位概况、法定代表人情况、股权结构等。参赛项目可提供当前财务数据、已获投资情况、带动就业情况等相关证明材料。在大赛通知发布前已获投资1 000万元及以上或在2019年及之前任意一个年度的收入达到1 000万元及以上的参赛项目,请在全国总决赛时提供相应佐证材料。

4. 参赛项目根据各赛道相应的要求,只能选择一个符合要求的赛道参赛。已获往届中国“互联网+”大学生创新创业大赛全国总决赛各赛道金奖和银奖的项目,不可报名参加本届大赛。

5. 各省(区、市)教育厅(教委),新疆生产建设兵团教育局,各有关学校负责审核参赛对象资格。

六、比赛赛制

1. 大赛主要采用校级初赛、省级复赛、全国总决赛三级赛制(不含萌芽赛道)。校级初赛由各校负责组织,省级复赛由各地负责组织,全国总决赛由各地按照大赛组委会确定的配额择优遴选推荐项目。大赛组委会将综合考虑各地报名团队数、参赛院校数和创新创业教育工作情况等因素分配全国总决赛名额。

2. 全国共产生1 600个项目入围全国总决赛(港澳台地区参赛名额单列),其中高教主赛道1 000个(中国大陆参赛项目600个、国际参赛项目400个,中国港澳台地区参赛项目数量另定)、“青年红色筑梦之旅”赛道200个、职教赛道200个、萌芽赛道200个。

3. 高教主赛道每所高校入选全国总决赛项目总数不超过4个,“青年红色筑梦之旅”赛道、职教赛道、萌芽赛道每所院校入选全国总决赛项目各不超过2个。

七、赛程安排

1. 参赛报名(2020年6月)。参赛团队通过登录"全国大学生创业服务网"(cy. ncss. cn)或微信公众号(名称为"全国大学生创业服务网"或"中国互联网+大学生创新创业大赛")任一方式进行报名。报名系统开放时间为2020年6月11日,截止时间由各地根据复赛安排自行决定,但不得晚于8月15日。国际参赛项目通过全球青年创新领袖共同体促进会官网(www. pilcchina. org)进行报名(具体安排另行通知)。赛事咨询请通过"中国互联网+大学生创新创业大赛"微信公众号进行咨询,参赛团队可在"全国大学生创业服务网"(cy. ncss. cn)资料下载板块,下载学生操作手册,指导报名参赛。

2. 初赛复赛(2020年6—9月中旬)。各地各校登录cy. ncss. cn/gl/login进行大赛管理和信息查看。省级管理用户使用大赛组委会统一分配的账号进行登录,校级账号由各省级管理用户进行管理。初赛复赛的比赛环节、评审方式等由各校、各地自行决定。各地各校要正确研判当地的疫情形势,原则上采用线上路演的方式开展校级初赛和省级复赛,尽量减少线下同期活动,并做好相关疫情防控预案。大赛组委会已组织有关单位加紧开发免费的网上路演平台(另行通知),各地各校可根据自身情况选择使用。各地在9月15日前完成省级复赛,遴选参加全国总决赛的候选项目(推荐项目应有名次排序,供全国总决赛参考)。国际参赛项目的推荐遴选工作另行安排。

3. 全国总决赛(2020年11月上旬)。大赛专家委员会对入围全国总决赛项目进行网上评审,择优选拔项目进行现场比赛,决出金奖、银奖、铜奖。

大赛组委会将通过"全国大学生创业服务网"为参赛团队提供项目展示、创业指导、投资对接等服务。各项目团队可以登录"全国大学生创业服务网"查看相关信息。各地可以利用网站提供的资源,为参赛团队做好服务。华为技术有限公司将为参赛团队提供多种资源支持。

八、评审规则

评审规则将于近期公布,请登录"全国大学生创业服务网"(cy. ncss. cn)查看具体内容。

九、大赛奖项

大赛设金奖、银奖、铜奖和各类单项奖;另设高校集体奖、省市组织奖和优秀创新创业导师奖。

十、宣传发动

各地各校要认真做好大赛的宣传动员和组织工作。各省级教育行政部门要做好统筹协调,高教、职教和普教职能处室共同参与,组织做好省内比赛和项目推荐工作。各校要认真组织动员团队参赛,为在校生和毕业生参与竞赛提供必要的条件和支持,做好学校初赛组织工作。鼓励教师将科技成果产业化,带领学生创新创业。根据情况组织师生观看大学生创新创业题材电影,激励更多学生了解"双创"、投身"双创"。

各地各校要坚持以赛促学、以赛促教、以赛促创,积极推进学生创新创业训练和实践,不断提高创新创业人才培养水平,为建设创新型国家提供源源不断的人才智力支撑。

十一、大赛组委会联系方式

1. 大赛工作 QQ 群号为：460798492，请参赛省（区、市）教育厅（教委）和新疆生产建设兵团教育局指定两名工作人员加入该群，便于赛事工作沟通交流。

2. 大赛组委会联系人：

全国高等学校学生信息咨询与就业指导中心　萧潇

联系电话：010-68352259

电子邮箱：jybdcw@chsi.com.cn

地址：北京市西城区西直门外大街 18 号金贸大厦 C3 座

邮编：100044

华南理工大学　王科　徐昕

联系电话：020-87110452

传真：020-87114453

电子邮箱：adsa@scut.edu.cn

地址：广东省广州市天河区五山路 381 号

邮编：510641

教育部高等教育司综合处　王亚南

联系电话：010-66097850

电子邮箱：internetplus@moe.edu.cn

地址：北京市西城区大木仓胡同 37 号

邮编：100816

教育部

2020 年 6 月 3 日

（摘自中华人民共和国教育部官网）

研讨主题：

结合上述文件，你认为当下国家、高校及大学生本人是如何看待创新创业工作的？

第一节　国家发展需要创新创业

【理论基础】

一、从国际形势来看，时代呼唤我们必须创新创业

2020 年新冠肺炎疫情在全球蔓延，一度造成全球经济"停摆"，国际形势急剧变化……

华为5G芯片的困局,带给我们太多的思考。"创新创业"对于我们每一个中国人而言,既是追求美好生活的有效途径,也是国际形势急剧变化赋予我们的责任和使命。回顾新中国成立70多年的历史,"自力更生、艰苦奋斗"的精神激励着每一位中华儿女:神州探月、蛟龙下海、北斗升空、航母服役……即使在最困苦的岁月里,我们仍成功研发了原子弹!

创新是中华民族的固有气质,中华文明五千多年生生不息,源于中国人民自强不息、敢于创新的禀性。从历史经验看,新中国开启了自力更生、自主创新的大门,改革开放更是点燃了人人创新创业的火种,调动千千万万人的积极性、创造性。从发展阶段看,现在我国经济发展进入新常态,传统增长动力在减弱,资源环境约束在加剧,要素成本越来越高,必须走转变发展方式、提质增效升级之路。中国要在世界新技术革命和产业变革的新格局中占据主动,必须靠创新。

二、从国内形势来看,时代也在呼唤我们创新创业

创业创新是人类文明进步的不熄引擎,是植根于每个人心中具有顽强生命力的种子。推动发展,不仅要解放社会生产力,更要解放社会创造力。截至2020年8月,我国人口已经突破14亿,我国是世界上人口最多的国家,14亿勤劳智慧的中国人民中间,蕴藏着无穷的创造力。试想一下,如果14亿人的创新创造潜能被充分释放出来,那将给经济社会发展带来怎样的变化。

一方面,"双创"有助于推动我国经济结构调整、打造发展新引擎、增强发展新动力、走创新驱动发展道路。要使经济实现健康持续发展,离不开大量的市场参与者、灵活高效的调节机制和竞争有序的市场格局。无论是"大众创业",还是"万众创新",都少不了一个"众"字。对于中国这样一个庞大经济体而言,如果只有少数市场主体参与,显然难以满足全国统一市场的需要。许多地方经过发展认识到,"活力增长财力,人气带来财气"。推进"双创",既可以在最大范围内推动人、财、物等各种市场要素自由流动,更可以倒逼不合理的体制机制实现改革突破,最终提升整个经济的运行效率。

另一方面,"双创"也是践行群众路线、满足群众过上更好生活愿望的必然要求。"大众创业、万众创新"参与者从无到有、从小到大,是人的创造性社会实践过程。马克思、恩格斯早就提出,"思想根本不能实现什么东西,为了实现思想,就要有使用实践力量的人"。毛泽东同志也指出,"人民,只有人民,才是创造世界历史的动力"。采取包括"双创"在内的各种方式,允许和鼓励全社会勇于创造,大力解放和发展生产力,有助于社会最终实现共同富裕。一花独放不是春,百花齐放春满园。"双创"中有挑战更有机遇,既会滴下辛勤的汗水,也有望迎来丰收场景。人们如今所熟知的阿里巴巴等世界级互联网企业,也都是数年前从草根起家,不断坚持创新创业成功的。更为难得的是,各种新兴技术尤其是"互联网+"的快速发展,已经让普通人有了更多的创新创业机会。近年来,宽带网络速度大幅提升、移动通信终端广泛普及、生产管理的自动化程度提高,众筹等新的商业形态有助于形成风险共担、利益

分享机制,这让有梦想、有意愿、有能力的人有了广阔的平台施展拳脚。

三、国家出台系列政策促进"双创"工作

近年来,上到国务院、各部委[人力资源和社会保障部(简称"人社部")、教育部、国家发展和改革委员会(简称"国家发展改革委")、财政部、科学技术部(简称"科技部")],下到地方各部门,对创新创业相关工作的重视程度越来越高,支持力度越来越大,笔者梳理了一下过去二十余年相关部门有关创新创业的文件:

1998年12月24日,教育部在《面向21世纪教育振兴行动计划》中首次提出了大学生创业教育的概念——"加强对教师和学生的创业教育,采取措施鼓励他们自主创办高新技术企业"。

2007年8月6日发布实施的《关于进一步加强创业培训推进创业促进就业工作的通知》(劳社部发〔2007〕30号)指出"创业培训是提高劳动者创业能力的重要手段,是推进创业促就业工作的重要内容",并要求各地要进一步加强创业培训。

2007年10月25日,胡锦涛在党的十七大报告中提出"实施扩大就业的发展战略,促进以创业带动就业"。

2008年1月1日起实施的《中华人民共和国就业促进法》明确了"创业培训"的地位以及对促进就业的积极作用,将"创业培训"作为政策支持的重点。

2008年3月28日发布的《国务院关于做好促进就业工作的通知》(国发〔2008〕5号)提出"改善创业环境,推动创业促进就业"。

2009年1月19日发布的《国务院办公厅关于加强普通高等学校毕业生就业工作的通知》(国办发〔2009〕3号)提出"鼓励和支持高校毕业生自主创业"。

2010年10月25日发布的《国务院关于加强职业培训促进就业的意见》(国发〔2010〕36号)提出"积极推进创业培训"。

2010年5月4日发布的《教育部关于大力推进高等学校创新创业教育和大学生自主创业工作的意见》(教办〔2010〕3号)指出"大学生是最具创新、创业潜力的群体之一。在高等学校开展创新创业教育,积极鼓励高校学生自主创业,是教育系统深入学习实践科学发展观,服务于创新型国家建设的重大战略举措;是深化高等教育教学改革,培养学生创新精神和实践能力的重要途径;是落实以创业带动就业,促进高校毕业生充分就业的重要措施"。提出全面在高校推行创业教育的意见——"大力推进高等学校创新创业教育工作""加强创业基地建设,打造全方位创业支撑平台""进一步落实和完善大学生自主创业扶持政策,加强创业指导和服务工作""加强领导,形成推进高校创业教育和大学生自主创业的工作合力"等。

……

2014 年 9 月夏季达沃斯论坛上,李克强总理提出"大众创业、万众创新",要在 960 万平方千米土地上掀起"大众创业""草根创业"的新浪潮,形成"万众创新""人人创新"的新态势。自此,"创新创业""双创"发展如火如荼。

2015 年 5 月 13 日,发布了《国务院办公厅关于深化高等学校创新创业教育改革的实施意见》(国办发〔2015〕36 号,以下简称《意见》)。《意见》指出,"深化高等学校创新创业教育改革,是国家实施创新驱动发展战略、促进经济提质增效升级的迫切需要,是推进高等教育综合改革、促进高校毕业生更高质量创业就业的重要举措"。其中"主要任务和措施"包括"健全创新创业教育课程体系""强化创新创业实践""改革教学和学籍管理制度……各高校要设置合理的创新创业学分,建立创新创业学分积累与转换制度""加强教师创新创业教育教学能力建设""改进学生创业指导服务""完善创新创业资金支持和政策保障体系"等。

2015 年 11 月 27 日,发布了《教育部关于做好 2016 届全国普通高等学校毕业生就业创业工作的通知》(教学〔2015〕12 号)(以下简称《通知》)。《通知》指出,"从 2016 年起所有高校都要设置创新创业教育课程,对全体学生开发开设创新创业教育必修课和选修课,纳入学分管理。对有创业意愿的学生,开设创业指导及实训类课程。对已经开展创业实践的学生,开展企业经营管理类培训。要广泛举办各类创新创业大赛,支持高校学生成立创新创业协会、创业俱乐部等社团,举办创新创业讲座论坛。高校要设立创新创业奖学金,并在现有相关评优评先项目中拿出一定比例用于表彰在创新创业方面表现突出的学生"。除了"加快推进创新创业教育改革",《通知》还要求"落实完善创新创业优惠政策""加大创新创业场地建设和资金投入""不断提升创新创业服务水平……各地各高校要配齐配强创新创业教育专职教师,聘请各行各业优秀人才担任兼职教师,建立全国万名优秀创新创业导师人才库。要创新服务内容和方式,为准备创业的学生提供开业指导、创业培训等服务,为正在创业的学生提供孵化基地、资金支持等服务"。

2017 年 7 月 27 日发布的《国务院关于强化实施创新驱动发展战略进一步推进大众创业万众创新深入发展的意见》(国发〔2017〕37 号)指出,"创新是社会进步的灵魂,创业是推进经济社会发展、改善民生的重要途径,创新和创业相连一体、共生共存。近年来,大众创业、万众创新蓬勃兴起,催生了数量众多的市场新生力量,促进了观念更新、制度创新和生产经营管理方式的深刻变革,有效提高了创新效率、缩短了创新路径,已成为稳定和扩大就业的重要支撑、推动新旧动能转换和结构转型升级的重要力量,正在成为中国经济行稳致远的活力之源。为进一步系统性优化创新创业生态环境,强化政策供给,突破发展瓶颈,充分释放全社会创新创业潜能,在更大范围、更高层次、更深程度上推进大众创业、万众创新……"

2018 年 9 月 26 日发布的《国务院关于推动创新创业高质量发展打造"双创"升级版的意见》(国发〔2018〕32 号)指出,"创新是引领发展的第一动力,是建设现代化经济体系的战略支撑。近年来,大众创业万众创新持续向更大范围、更高层次和更深程度推进,创新创业与经济社会发展深度融合,对推动新旧动能转换和经济结构升级、扩大就业和改善民生、实现机会公平和社会纵向流动发挥了重要作用,为促进经济增长提供了有力支撑。当前,我国经济已由高速增长阶段转向高质量发展阶段,对推动大众创业万众创新提出了新的更高要求"。并要求"各地区、各部门要充分认识推动创新创业高质量发展、打造'双创'升级版对于深入实施创新驱动发展战略的重要意义,把思想、认识和行动统一到党中央、国务院决策部署上来,认真落实本意见各项要求,细化政策措施,加强督查,及时总结,确保各项政策措施落到实处,进一步增强创业带动就业能力和科技创新能力,加快培育发展新动能,充分激发市场活力和社会创造力,推动我国经济高质量发展"。

综上,国家对创新创业工作的重视程度可见一斑!

【思考练习】

练习 1-1　你所在的城市和地区有哪些支持大学生创新创业的政策?

例如,湖北省武汉市就有以下相关规定:自毕业学年 5 年内的高校毕业生在该市从事个体经营,并依法取得工商营业执照,只要符合相关条件,可申请最高额度为 20 万元的高校毕业生免除反担保的创业担保贷款。

第二节　高校需要创新创业教育

【理论基础】

　　为了帮助学生实现大学梦,促进高等教育的普及从而提高国民素质,从 20 世纪末起,我国开始了大规模的高校扩招,全国高校毕业生数量屡屡创下新高(图 1-1)。"高校毕业生就业"的问题受到媒体和社会各界的广泛关注。

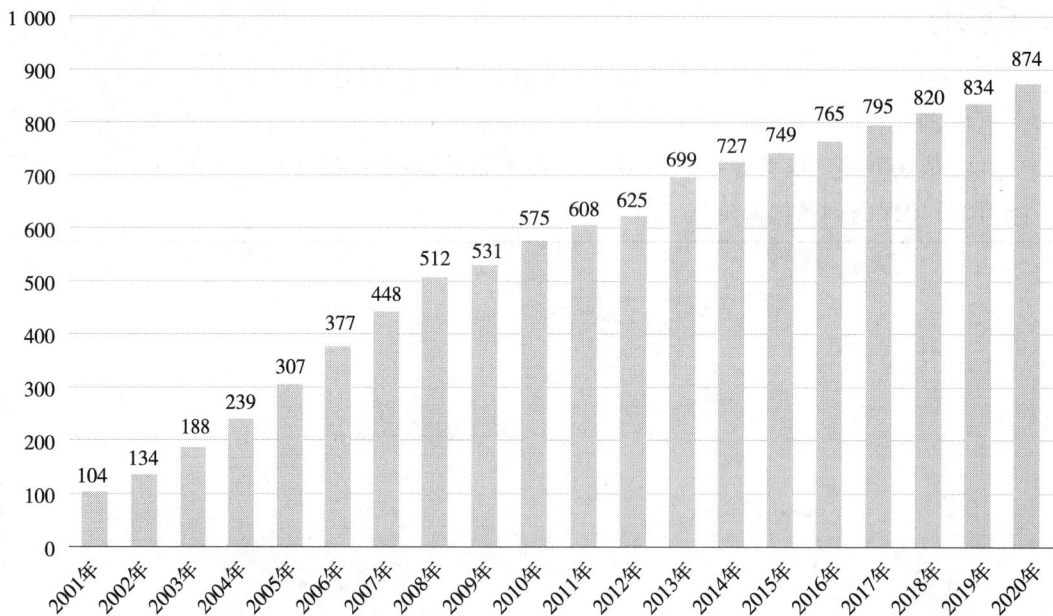

图 1-1　2001—2020 年全国高校毕业生人数(单位:万人)

　　2010 年 5 月 4 日发布的《教育部关于大力推进高等学校创新创业教育和大学生自主创业工作的意见》(教办〔2010〕3 号)指出,"大学生是最具创新、创业潜力的群体之一。在高等学校开展创新创业教育,积极鼓励高校学生自主创业,是教育系统深入学习实践科学发展观,服务于创新型国家建设的重大战略举措;是深化高等教育教学改革,培养学生创新精神和实践能力的重要途径;是落实以创业带动就业,促进高校毕业生充分就业的重要措施"。

　　由此可见,在高校开展创新创业教育实践,无论是从落实国家相关政策的角度上讲,还是从高校创新型人才培养的角度上讲,都是大势所趋。因此,全国各大高校均开设了创新创业相关课程,多数高校甚至搭建了"大学生创新创业孵化基地"等各类实习实践平台,其中部分高校因创新创业教育实践工作成果突出,学校品牌形象大幅提升。

【思考练习】

练习 1-2　阅读下文回答问题。

武汉大学高度重视大学生创新创业工作,在全国率先提出"创造、创新、创业"的教育理念,并坚持以"三创"教育理念推动教育教学改革。近年来,学校认真落实中央决策和教育部部署,不断完善创新创业工作制度体系、能力培养体系、服务支撑体系;借力校友和社会资源,构建大学生创新创业助推体系;多措并举,努力营造创新创业的良好氛围。成立了创业学院,协调各方资源,共同推进大学生创新创业;成立学生工程训练与创新实践中心,建立大学生创业教育与实践特色基地,组建大学生创新创业社团,通过"第二课堂"引导大学生开展创新创业实践。投入 2 800 万元建设 6 200 平方米大学生创新创业实践中心,支持学生开展学科竞赛训练、科技创新创业活动。每年投入 500 万元专项经费,支持学生开展自主研究课题、学科竞赛、科研训练等创新实践活动;投入 700 万元专项经费,支持研究生开展科研创新和创业实践。争取校外资源,设立 1.5 亿元大学生创新创业扶持基金,支持在校大学生和年轻校友开展创业实践。在珞珈创意园专门辟出 6 个楼层、8 400 平方米场地建立大学生创新创业孵化体系,从场地、资金、政策、培训等多方面支持大学生创新创业。武汉大学常年活跃的大学生创业团队达到 100 个左右,每年都有部分创业团队在国内外竞赛中获得大奖,近年来涌现出不少创业成功的典型。

近年来,武汉大学学生在国际国内学科竞赛、创新创业大赛中屡获佳绩。2011 年,改图网 Forward 团队获得全球创业挑战赛冠军,武汉大学成为清华大学之后第二个获此殊荣的高校。2014 年,Wuluo Studio 团队获微软"创新杯"中国区总决赛特等奖。2015 年,在首届全国"互联网+"创新创业大赛中,武汉大学 3 个大学生创业项目全部获得金牌,获奖数量全国第一。2016 年,武汉大学三学子用数学模型分析太空垃圾处理在美国大学生数模竞赛中获得特等奖。动力与机械学院 2011 级本科生蔡耀从大二开始投身科研学习和创新创造活动,修得了 21 个创新学分,申请了 7 项国家专利,并获湖北省机械创新设计大赛二等奖。武汉大学大学生创新创业成绩受到各方高度关注,中央电视台等重要媒体进行了大量报道。

(节选自武汉大学新闻网)

你所在的高校或周边高校有哪些支持大学生创新创业的政策?

例如,在湖北省武汉市某高校就有以下相关规定:在校生参与创新创业实践活动,符合条件的学生团队可免费入驻大学生创新创业孵化基地,并可视实践情况进行学分置换,最高可置换 50 学分。

续表

<table>
<tr><td></td></tr>
</table>

第三节　大学生向往创新创业

【理论基础】

一、大学生向往创新创业

近年来,大学生对创新创业的关注度越来越高,大学生投身创业实践的比重越来越大。对于大学生而言,无论出于对"就业"的被动需求,还是出于对"时间自由、财富自由、梦想自由"而进行"创业"的主动追求,创新创业教育都刻不容缓。

二、"创新、创业"再认识

(一)创新的内涵

创新就是用一种与众不同的、新颖的和敢于冒险的方法和精神去解决所面临的问题,并提出新思想、新认识,探索新规律,创造新成果。

(二)创业的内涵

所谓创业就是指人们根据社会需要,运用自己的聪明才智创立一番事业,或在工作中有所创造、创新和发展。

一般来讲,有"创新"不一定要"创业",但要"创业一定会有创新",哪怕对别人来讲没有创新,对创业者本人而言或多或少都会有。

(三)创新教育与创业教育的异同

创新教育就是为了使人能够创新而进行的教育,凡是以培养人的创新素质,提高人的创新能力为主要目的的教育都可以称为创新教育。对于学校教育来说,创新教育是指把提高人的创新性当作重要培养目标之一,并在全部教育教学过程中有意加强学生各种创新素质的培养,使学生和教师的创新性都得到有效提高的教育。

创业教育就是通过创业教育教学活动来培养学生创业能力的教育,即在加强基本理论和基础教育的同时,以培养学生创业精神和创业能力基本价值取向的教育。创业教育是开发和提高大学生创业基本素质,培养具有创造精神和创业能力的高素质社会主义现代化建设者的教育。

综上可见,"创新"与"创业""创新教育"与"创业教育"是有区别的,但从某种意义上讲,它们又有着千丝万缕的联系:

(1)人才培养的目标高度一致。

(2)内容结构相互融合,相辅相成。

(3)重视学生终身发展能力培养,作用异曲同工。

(4)过程重视实践活动,多种途径并举。

本实践手册的核心目标是依托创业的基本理论,通过学习和实践,"培养大学生的创新创业精神,提升大学生的创新创业能力"。

三、创业者追求

对于很多学生而言,经历了十几年甚至是二十多年的教育,毕业后都有走上社会大干一场的期待。在竞争日益激烈的今天,如果能投身创业实战并取得成功,将是一件"建功立业兴天下"的事。

所谓"建功",体现了创业者为社会做贡献并建立功勋的追求。尤其是事业型创业者,他们大多具有强烈的社会责任感,不断为社会创造价值,通过追求大的格局,整合并发挥多种创业资源的协同效应,以求为社会带来更多的福祉。

所谓"立业",是指创业者以成就大业为己任,开创自己的事业。尤其是事业型的创业者,对事业的追求往往表现在创业者志存高远,以追求造福社会为目标,创业者所从事的往往是具有一定目标、规模和系统的对社会发展有影响的活动。成就他人的同时,也成就了自己。

"建功立业"的过程离不开"创新"。"创新"是所有创业者都必须具备的优秀素质,对事业型创业者的要求会更高。通过创新,创造出独一无二的产品,尝试独一无二的方法,满足客户多元化的需求。

今天的大学生处在一个迅猛变化的时代，无论将来"创业"与否，都需要用"创新创业"的精神和品质来面对未来的"就业"或"创业"。如果未来投身创业实战，便需要更多创业相关理念的指导；即使未来不去创业，也需要用创新创业的精神来面对未来的挑战。所以，无论从哪个角度上，创新创业教育刻不容缓。

在这里特别说明一点，创新创业教育的目的不是让大学生人人创办公司、创办企业，而是帮助大学生更进一步地认识企业，了解创业的基本过程，感受创业过程的艰辛与创业成功的喜悦，在此基础上培养大学生的创新创业精神，提升其创新创业的能力，为未来更好地就业创业打下基础。

【思考练习】

练习1-3　结合案例回答问题。

案例1　中科院硕士公共 Wi-fi 市场创业

27 岁的刘枫从中国科学院硕士研究生毕业，摆在他面前的有几条康庄大道：要么继续搞科研，专业对口，学有所用；要么听从导师的建议，读博；要么听从母校召唤，回到辽宁中医药大学任教；或出国、入伍、考公务员。如果留在北京，取得北京户口，也绝非难事，而他却做了个令所有人大跌眼镜的选择——回到三线城市辽宁锦州创业。毕业时，刘枫放弃了几条康庄大道和几乎唾手可得的北京户口，回到锦州，这在别人的眼里是个"愚蠢的决定"。妈妈还是想让他找个稳定的工作，可他说："你给我半年时间，我就能干出点名堂。"

创业是一个成长过程，公司成立初期的半年里，刘枫很累，除了每天早晨的例会，他几乎都在路上，每天睡眠不足 5 小时。那半年，他经历了很多事："创业真难，比想象的还难，但'难'不是借口，相反，它应该成为我前进的动力！"

功夫不负有心人，经过锲而不舍的努力，刘枫的公共 Wi-fi 市场创业项目取得了很大的成功。

案例2　三名大学生合伙开轰趴馆年入 800 万元

90 后唐雷、于飞克两人是大学同班同学，毕业于南京师范大学的程卫是他俩的高中同学。很多学生还在抱怨大学生活"无聊"时，三个浏阳小伙子在大二开始就琢磨着"合伙创业"。

三人大二开始合伙办教育培训公司，到大四那年，他们积累了 30 余万元。2013 年，三人一拍即合准备投资新兴的别墅"轰趴馆"。"轰趴"是由英文"HomeParty"音译过来的一个词，意为家庭派对。几十人租下一套别墅，别墅内娱乐设施齐全，可以唱歌、喝酒、烧烤，还可以看电影、打桌球、玩棋牌等。近两年，"轰趴"受到大学生以及都市年轻人，尤其是白领一族的追捧。

瞄准商机，2013 年，三人在湖南第一师范学院附近租下一套别墅，花费 25 万元左右装修一番，"新青年别墅聚吧"于 2014 年 6 月正式开门迎客。接下来的两年里，他们先后在湖南、陕西、江西、贵州等地租下 10 套别墅，年营业额近 800 万元，"轰趴馆"项目经营得有声有色。

"再给你一次机会，你会选择就业还是创业？"面对记者的提问，三人不假思索地回答"还是会选择创业"。"创业就像打怪兽，活着就要有血性"，对于这三个 90 后大学生来说，创业带来的挑战与未知让他们热血澎湃。

对于即将选择创业的大学生，程卫认为一定要有"咬定青山"的决心和毅力，要接受因此带来的一切改变，只有三分钟的热度是绝对不可能成功的。"大学生创业必须在创新中寻求出路，不要跟风，想别人所不想，就会看到市场。"虽然他们的创业之路与所学专业均不对口，但谈及创业，程卫坦言，在他看来他们的成功源于创新。"通过小范围的营销自己来聚拢粉丝，让粉丝再去进行下一级推广营销。"程卫表示，除了想法创新还要技术创新，玩转网络以及自媒体，利用新媒体拓宽客户渠道是新时代创业的新思路。他们三人带领团队在推广宣传中充分利用移动社交媒体带来了自身营销能力的升级，比如精心运营个人自媒体，通过网络来打造品牌。

案例3 比尔·盖茨对大学生创业的忠告

多年前，一名 18 岁的大三学生从哈佛退学，一头扎进个人计算机软件领域，创建微软公司。这个不务正业的大学生就是当今世界首富比尔·盖茨。比尔·盖茨一直是当今世界大学生的榜样，特别是那些正在大学就读的学生，每当他们急欲放下学业，跃跃欲试张开创业翅膀而遇阻时，他们常常搬出比尔·盖茨。在许多人眼里，只要有创意有资金，实现创业梦想就近在眼前，他们思维活跃，敢想敢为。

不可否认，大学生创业有许多成功的案例，但在大学生创业的道路上更多的是失败，是苦涩。比尔·盖茨接受央视记者采访，在提到当年退学创业时，他说："我鼓励人们还是要完成学业，除非有一些非常紧迫的，或者是不容错过的事情。完成所有的学业会好得多。"比尔·盖茨的经历不可能像他的电脑软件一样可以复制。让我们记住比尔·盖茨的忠告。

大学时代是一个人广泛学习各种基本技能、培养健康稳定的文化心态的黄金时期，可以利用课余时间参加实践、体验社会，但还是应以学业为重。向比尔·盖茨看齐，看的更应该是他的开创精神，而不是草率地模仿他的行为。

你所在的高校或周边高校大学生创业的现状是怎样的，你对创业有什么想法？

续表

【本章小结】

　　在"大众创业、万众创新"时代浪潮里,上至国家政府,下至各地区各高校乃至大学生本人,对创新创业的重视程度越来越高。国家发展需要创新创业,高校人才培养需要创新创业教育,大学生本人也向往创新创业……创新创业不能仅仅停留在口号上,更需要学习和实践,在行动中成长。

【课后实践】

创业环境调查

　　1. 在确保安全的前提下,根据表 1-1 和表 1-2 的内容要点咨询或访谈当地政府相关部门和高校,搜集有关创新创业的相关扶持政策,特别是针对大学生创新创业的扶持政策。

　　2. 每一次线下采访要求附上两张照片(一张与政府或高校办公场所的合影,一张与咨询或访谈对象的合影,政府部门建议采访当地省市级教育主管部门、工商部门等,高校一般采访学校创新创业中心或创业基地、学生工作处等部门)。

　　3. 如线上进行,请附一张含有政府或高校部门标识的照片,同时提供电话录音等线上咨询或采访资料。

表 1-1 政府相关部门访谈记录表

访谈日期： 年 月 日 访谈人：

相关门部	部门名称		联系人联系方式	
	办公地址			
相关政策条文				
实施情况概要				
你的感受				

表1-2 高校相关部门访谈记录表

访谈日期： 年 月 日 访谈人：

相关门部	部门名称		联系人联系方式	
	办公地址			
相关政策条文				
实施情况概要				
你的感受				

第二章 评估个人综合创业能力

创业者的素质、能力和资源条件往往决定了创业的成败。在打算创办一家企业之前，创业者需要全面客观地评估自己的综合创业能力，判断自己是否适合创办和经营企业，是否具备了创办和经营企业所需要的基本素质、能力和相关资源条件。

【学习目标】

1. 了解企业的定义及创业者分类；
2. 了解创业者的回报和挑战；
3. 学会从创业者的角度甚至是企业家型创业者的角度评估自己的综合创业能力；
4. 制订并实施弥补自己综合创业能力短板的计划，提升自己的综合创业能力并适时组建自己的创业团队。

【案例导读】

身残志坚的创业典范——崔万志

崔万志，男，汉族，安徽肥东人，本科学历，安徽省合肥浩强电子商务有限公司董事长，蝶恋服饰、崔之恋旗袍CEO，浙江大学客座讲师。

1976年3月，崔万志出生于安徽肥东，出生时脐带绕颈，导致他脑部缺氧，最终造成行走不便，语言不流畅。1995年，他考上新疆石河子大学经济管理专业，上学期间通过倒卖"随身听"、磁带等赚取生活费。1999年，大学毕业，因身体残疾，找不到工作的他，第一份工作就是自己创业：在天桥上摆地摊，之后也开过书店、网吧、网店……后转战服装市场，在旗袍的经营方面取得了很大的成就。

崔万志身残志坚，把诚信经营作为矢志不渝的信念，秉承"先义后利、义中取利"的徽商精神，讲诚信、重信用，靠信义求得企业发展。崔万志面对身体的残疾，求职的不顺，并没有心灰意冷，他决定依靠自己的力量改变人生，在淘宝网上开了一家女装店。网店有过较好的成交量，也有低潮时400万元的欠债，但崔万志始终本本分分做生意，坚信以诚经商会赢得顾客的信赖和认可。2013年，崔万志创建旗袍品牌。他带着员工四处拜师学艺，从选料到裁剪到刺绣，甚至一粒小小的盘扣，都力求精细，精益求精。中国旗袍，手工制作与机器制作的成本相差20倍以上，普通消费者难以分辨。曾有人建议他用机绣制作挂名人工绣制，这样可以节约成本，崔万志断然拒绝，说："我宁可少赚钱，也要制作品质精良、做工精美的旗袍，对得起每一位顾客。"这是他对每一个客户的承诺，更是对传统文化的承诺，每一粒盘扣都饱含诚信经营的理念。

他坚持用贴心的服务和不变的真诚赢得客户。在结婚高峰季，旗袍订单翻倍飙升。其中有一个加急订单是与河北唐山的顾客签的，顾客担心不能准时收到旗袍。他的制作团队加班加点赶工做出成衣，因担心物流速度慢，不能及时将旗袍送到买家手中，他派专人开车将旗袍送到唐山这位顾客手中。

事业蒸蒸日上之际，崔万志没有忘记那些和自己一样身有残疾但渴望创业的人。他在公司内安置了数十名残疾人就业，建立蝶恋商学院指导残疾人开网店。他还积极搭乘"共享经济"快车，引领数百名残疾人通过分享平台与他一起创业。

截至 2013 年，崔万志开的网店已成为安徽最大的淘宝网店，年销售额超过 1 000 万元，企业也由最初的 5 人发展到现在的 500 余人。崔万志创立的蝶恋品牌，是淘宝网上最受欢迎的女装品牌之一，被淘宝网评为"全球网商 30 强"。崔万志热心社会公益，积极助残扶残，支持 20 多名残疾人开网店，先后举办多期残疾人免费专场培训，在高校捐资设立励志奖学金。

2011 年，崔万志被评为安徽年度十大新闻人物，2012 年被评为阿里巴巴全球十大网商。2012 年 3 月，做客凤凰卫视《鲁豫有约》，诉说百味人生。2013 年被评为 CCTV 中国创业新生代榜样。2015 年获得《超级演说家》年度亚军。2016 年 1 月 1 日，参加央视财经频道《创业英雄汇》，带来的"旗袍+"项目获得导师全票通过，并获得了 3 900 万元意向融资，创造了节目开播以来的最高纪录。2016 年 1 月，获得中国旗袍"十大领军人物""十大魅力旗袍人"荣誉。2017 年 11 月，被评为第六届全国道德模范提名奖获得者。2018 年 11 月，被中央宣传部、国家发展改革委授予"诚信之星"。

研讨主题：

结合崔万志的案例，你认为成功的创业者应该具备什么样的素质、能力和资源条件？

第一节 企业认知

【理论基础】

一、创业和企业

创业是创业者对自己拥有的资源或通过努力能够拥有的资源进行优化整合，从而创造出更大经济或社会价值的过程。简言之,创业就是创业者利用资源创办企业的过程。

因此,企业是创业者实现其目的的载体。那么企业是什么呢? 不同专家学者、不同教材有不同的认知。其中,SIYB 项目认为,企业是依法设立的,以营利为目的,从事商品(或服务)生产或交换活动的经济组织。本实践手册采纳了这一定义。

二、企业的基本运营周期

在企业运营管理的过程中,存在供应商、企业、客户三个主体,存在商品、信息、资金(现金)三个客体。从动态角度看主体和客体之间的关系,我们发现:一方面,企业是一个人或一个群体,以营利为目的进行商品生产、交换或提供服务活动;另一方面,企业既要从供应商处采购商品,又要向客户出售其商品,并实行自主经营、自负盈亏、独立核算。在这个过程中,企业要不断与供应商和客户进行信息沟通,以采购到更符合客户需求的商品(产品或服务)。企业在经营过程中自然形成了三股流,如图 2-1 所示。

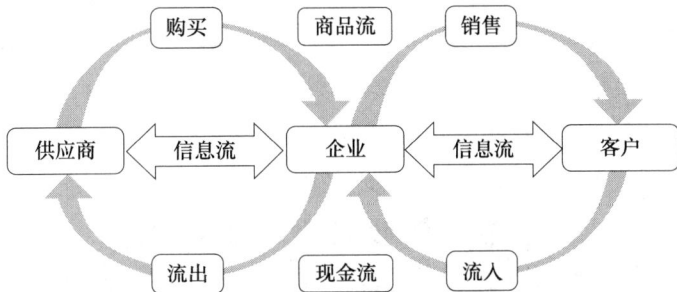

图 2-1 企业基本运营周期图

商品流——指从供应商处购买商品(设备、原材料、技能等),并向客户销售商品(产品或服务)的商品活动流。

现金流——指现金流出(购买设备、原材料,学习技能,支付维修费、租金等)和现金流入(销售收入等)的现金活动流。

信息流——指企业与供应商、客户之间信息多向传递及反馈所形成的信息活动流。

三、加速企业运营

企业的目的是赢利。一般情况下,缩短企业运营基本周期,提高企业经营效率,加速企业运营,有利于企业赢利目的的快速实现。创业者要加速企业运营并实现赢利,需要有效控制企业经营过程中的三股流,随时关注并及时掌握市场信息,持续进行采购、生产和销售活动,确保流入企业的资金多于流出企业的资金。

在加速企业运营的过程中,三股流的控制要注意以下事项:一是遵守客观规律,不能为加速而加速,脱离企业发展实际,影响企业发展根基。比如 20 世纪 90 年代一度风光无限的巨人集团,因管理不当导致现金流不足而破产。二是三股流要同步控制,不能顾此失彼。为了商品的快速流转而放弃现金流,或者为了现金流而忽视商品的正常流通,都有可能使企业发展困难,甚至亏损破产。三是信息流的重要性日益凸显,谁能快速全面地掌握信息,谁就能掌握主动权。有时一条信息的缺失就有可能导致一家企业关闭。

【思考练习】

练习2-1 结合本节所讲的内容和崔万志的案例,回答以下问题,见表2-1。

思考:崔万志的旗袍公司算企业吗?崔万志的网吧算企业吗?崔万志早年的地摊算企业吗?为什么?

表 2-1　哪些是企业

问　题	答　案	原　因
旗袍公司算企业吗?		
网吧算企业吗?		
地摊算企业吗?		

第二节　创业者的回报和挑战

【理论基础】

一、创业者的类型

根据创业者所追求的目标和格局的不同,本实践手册将创业者分为两大类:生存型创业者和事业型创业者。生存型创业者创业往往是其不得已而做出的选择,创业只是为了生计,这种创业者具有很大的被动性。与之相比,事业型创业者追求的目标是尽可能多地造福社会,实现事业梦想和基业长青,这种创业者具有很大的主动性。

此外,事业型创业者又可以分为工匠型创业者和企业家型创业者。工匠型创业者更多地对自己提供的产品和服务孜孜以求、精益求精,而不太在意追求大的创业格局。与之相比,企业家型创业者往往志存高远、格局更大,有着强烈的使命感和责任感,为社会的发展和人类的进步不懈奋斗。

结合崔万志案例我们发现,崔万志最早只是希望找到一份安身立命的工作,迫于无奈走上了被动的生存型创业者的道路;而后为了旗袍的盘扣而精益求精,身上工匠型创业者的精神可见一斑;最后又通过做大做强企业对社会做出更多的贡献,身上的企业家型创业者形象越来越鲜明。可见,生存型创业、工匠型创业、企业家型创业不是一成不变的,通过学习和提升,是可以转型升级的,希望通过本手册的实践,大学生创业者能更多地学习创新创业的精神和技能,向企业家型创业者迈进。

二、创业者的回报和挑战

无论哪种类型的创业者,都有可能成功,也有可能失败。创业者追求回报的同时,也面临着诸多挑战。

(一)创业者追求的回报

高度的独立性,决策的自由,对自己负责,挑战的机会,资金的回报,更好地掌握自己的命运……

(二)创业者面临的挑战

各种变化和不确定性,必须做许多艰难的决策,承担各种风险,必须面对潜在的失败……

(三)创业失败的原因

经营管理不善,资金链断裂,缺乏技能,自然灾害……

【思考练习】

练习2-2 阅读下文,分析小李的餐馆倒闭的原因。

警钟! 大学生创业开餐厅不到三个月倒闭,

他犯的这些错可能创业者正在犯!

某大学生小李即将大学毕业,爱好交际,同学朋友一大帮,每天出入各种酒吧餐厅,聚餐会友,逐渐喜欢上了休闲餐厅的氛围,有事没事就泡在里面,蹭网聊天消磨时光。

眼看即将毕业,一心想创业的小李就萌生了自己开一家休闲主题餐厅的想法,体验一下当老板的感觉。

餐厅地址选在小李比较熟悉的学校门口的一条商业步行街上。小李认为,此处离学校近,平时学生流量很大,由于是大学,学生情侣也多,这都是潜在客户,餐厅开起来就不愁没生意,等着收钱就行了。

但学校门口的商业街店铺林立,大大小小的餐厅不计其数,造成了房租攀高,一个十几平方米的小门面头年租金就十几万元。

本身家境不是很富裕的小李,只能通过父母跟亲戚朋友借来启动资金。款到位后,小李高价从一个租户手里租到了一个上下两层的沿街店铺,并且还交了3万元的转让费。

房子租好后,小李为店铺取了很时尚的名字"青春不散场",并且从网上搜了设计效果图,楼上楼下进行了装修,购进了大批的餐厅设备。

小李不是厨师,就请了在一家类似餐厅打工的表哥来帮忙,负责制作休闲饮品、小吃、咖喱饭等。

经过一番准备,餐厅终于开业了。开业头几天来了很多同学捧场,但是好景不长,没多久便门庭冷落,一天也来不了几个客人。就是来了,也是要盘瓜子,几个学生打上半天扑克;再就是同学来了都是蹭饭的,根本就没有实际消费,只靠几份外卖来勉强维持。

因为每天的费用很高,没有上千元的营业额,别说工人工资,就连房租都不够,所以餐厅苦撑了不到4个月就关门大吉了。小李也不得不找份工作,打工还债。

(本文来源:职业餐饮网,转载自餐饮界)

你认为小李的餐馆倒闭的原因是什么?

第三节　个人综合创业能力评估

【理论基础】

创业者因为财富自由、时间自由、梦想自由的目标而出发,但并不是每一个创业者都能实现梦想,甚至很多创业者血本无归。所以,创业前必须进行科学的评估,评估自己是否适合创业。

无论是生存型创业者,还是工匠型创业者,抑或是企业家型创业者,企业经营的成败很大程度上取决于创业者本人。在决定创业之前,创业者应该分析并评估一下自己,看看是否具有创业者的素质、能力和物质条件。成功的创业者之所以能够成功,不是因为他们走运,而是因为他们工作努力,并且具有经营企业的素质、能力和相关资源条件。

一、成功的创业者应该具备的综合创业能力

(1)承诺——要想创业成功,创业者要对自己的企业有所承诺。也就是说,创业者要对企业负责,不仅愿意用自己的钱冒创业的风险,全身心地投入,还要有坚持长期经营企业的打算。

(2)动机——如果创业者真心想创办企业且想做一名成功的创业者,那么创业者创业成功的可能性就大得多。如果创业者只是想试一下,那么创业者创业成功的可能性就不大。

(3)诚信——如果创业者做事不重信誉,对员工、供应商和顾客不讲诚信,那么将有损创业者的信誉,名声不好对创业者创办企业是不利的,它会对创业者的企业经营产生负面影响。

(4)健康——经营企业是一项十分艰难的工作,它要求创业者具备良好的身体素质。没有健康的身体,创业者将无法兑现自己对企业的承诺。

(5)风险——世上没有只赚不赔的生意,企业随时存在倒闭的风险。创办企业的人必须具有冒险精神,但又不能盲目地去冒险,必须敢于承担企业经营中出现的合理的、难以避免的风险。

(6)决策——在创办企业的过程中,创业者必须做出许多决策。当要做出对企业有重大影响的决策而又难以抉择时,创业者要有果断决策的魄力和勇气。

(7)专项技能——这是创业者生产产品或提供服务所需要的实用技能。技能的类型将决定创业者可能选择的创业项目。

(8)企业经营能力——这是指经营企业所需要的综合能力。企业的市场营销固然重要,但企业生产、成本核算、记账、人员管理等其他经营企业的能力也必不可少。

(9)相关行业知识——如果创业者对自己创办的企业及其所属行业有足够的认识和了解,拥有丰富的知识和经验,就能避免很多失误。对企业经营特点的认知和信息的掌握是最重要的,如果创业者懂行,就更容易成功。

(10)家庭状况——创办和经营企业将占用创业者很多时间,因此,获得家庭的理解与支持尤为重要。如果创业者的家庭成员同意创业者的创业想法,支持创业者的创业计划,创业者就有了坚强的后盾。

(11)财务状况——创办和经营企业需要一定的资金投入,如果创业者有能力负担这样的投入且不影响创业者的生活,那么创业者的创业之路就会走得更加平稳。

(12)其他相关资源条件——创业的过程,就是不断整合资源并为社会创造价值的过程,

这些资源包括但不仅限于人脉资源等。

二、企业家型创业者应该具备的能力

如果想成为一名企业家型创业者,除上述条件外,创业者还需要从以下几个方面对自己进行评估。

(一)企业家型创业者具有开拓与创新精神

一般创业者缺乏创新意识和能力,习惯于因循守旧、墨守成规或照搬照抄别人的东西。企业家型创业者视变化为常态,他们大胆、执着、富有冒险精神,遇事不停留在"想"而是立即动手去做,总是寻求变化,对变化做出积极的应对,并将变化视为机遇加以利用。

(二)企业家型创业者具有远大的目标

一般创业者以短期利益驱动为主,习惯于做好眼前的事,满足于死守一个摊子"小富既安",缺乏远大的目标,也没有雄才伟略。他们或许会因为一时的运气或机遇赚到一桶金,但在规则日益规范、竞争日益激烈的市场经济中,很难将自己的企业做大、做强、做长远。企业家型创业者往往具有非常明确的事业追求与目标,他们的创业往往基于更加美好的未来,为了实现目标,他们可以不为短期利益所困扰。

(三)企业家型创业者懂得分享,具有强烈的合作精神

一般创业者大多以追求利润最大化为核心目标,对他人缺乏信任感,面对利益不愿分享给其他人。企业家型创业者懂得分享,深知事业型创业单枪匹马很难实现,必须通过优势互补的团队合作才能完成。为此,企业家型创业者清楚自己既不可能也没有必要成为超人,而应该取长补短、擅长合作、懂得分享,甚至将企业的利润、股权等利益分享给他人。

(四)企业家型创业者善于学习,依靠理性与智慧创业

一般创业者进行创业大多带有试试看、赌一把、碰运气的色彩,他们的智慧和能力有限。企业家型创业者大多善于学习,他们主动学习必要的经营管理知识,培养自己的良好习惯和理性思维,不断地修炼自己。他们的创业不是心血来潮,更不是盲目冲动,而是一个不断学习进步,充满理性、探索、开拓创新的过程。

(五)企业家型创业者具有强烈的社会责任感和诚信精神

一般创业者社会责任感不强,其中不乏唯利是图者,为了利益甚至不惜违法乱纪,从而对社会造成损害。企业家型创业者则会主动肩负起社会赋予他们的责任,遵纪守法,诚信经营,为社会做贡献。

(六)企业家型创业者具有整合资源的能力

一般创业者的创业活动依靠资源驱动,他们的思维模式经常是"如果我有什么资源,我将能干成什么事情"。企业家型创业者首先会问环境中有什么机会,然后才会想到自己拥有什么资源,并想方设法去获取其他相关资源。

（七）企业家型创业者具有百折不挠的精神

一般创业者面对挫折时,往往表现得无能为力,要么知难而退,要么怨天尤人。企业家型创业者在面对挫折时,通常会表现出惊人的抗打击能力。

（八）企业家型创业者具有敏锐的洞察力和专注精神

一般创业者往往洞察力不强,很容易跟风和随大流,别人做什么他也跟着做什么。企业家型创业者具有很敏锐的洞察力,一个机会还没有显示出它的价值,在别人都不以为然的时候,企业家型创业者就能够发现它潜在的价值。此外,在企业家型创业者看来,干什么事情都需要聚精会神、心无旁骛、坚持不懈。

（九）企业家型创业者普遍具有知恩图报之心

一般创业者容易被利润一叶障目,甚至为富不仁。企业家型创业者通常有着宽广的情怀,不忘社会的滋养和哺育,常怀感恩之心,以回报社会为己任,持之以恒,百折不挠。

【思考练习】

练习 2-3　评估自己是否具备成功创业者的基本特征。

填写说明:

1. 要实事求是地填写表格。

2. 填写每一项个人素质、能力或资源条件时,请先阅读说明,然后再评估创业者在这方面是有长处还是有弱点。

3. 把创业者的企业构思讲给某些家庭成员或关系比较密切的亲人朋友听,请他们对创业者进行评估,然后再把他们对创业者的评估填入表格中。

4. 数一数创业者有多少长处和多少弱点(先在□中画"√",再统计数量),见表 2-2。

表 2-2　成功创业者的基本特征

经营企业应具备的素质、能力或资源条件	自我评估		亲友评估	
	长处	弱点	长处	弱点
承诺——要想创业成功,创业者要对自己的企业有所承诺。也就是说,创业者要对企业负责任,不仅愿意用自己的钱冒创业的风险,全身心地投入,还要有坚持长期经营企业的打算	□	□	□	□
动机——如果创业者真心想创办企业且想做一名成功的创业者,那么创业者创业成功的可能性就大得多	□	□	□	□
诚信——如果创业者做事不重信誉,对员工、供应商和顾客不讲诚信,那么将有损创业者的信誉,名声不好对创业者创办企业是不利的,它会对创业者的企业经营产生负面影响	□	□	□	□

续表

经营企业应具备的素质、能力或资源条件	自我评估		亲友评估	
	长处	弱点	长处	弱点
健康——经营企业是一项十分艰难的工作,它要求创业者具备良好的身体素质。没有健康的身体,创业者将无法兑现自己对企业的承诺	☐	☐	☐	☐
风险——世上没有只赚不赔的生意,企业随时存在倒闭的风险。创办企业的人必须具有冒险精神,但又不能盲目地去冒险,必须敢于承担企业经营中出现的合理的、难以避免的风险	☐	☐	☐	☐
决策——在创办企业的过程中,创业者必须做出许多决策。当要做出对企业有重大影响的决策而又难以抉择时,创业者要有果断决策的魄力和勇气	☐	☐	☐	☐
专项技能——这是创业者生产产品或提供服务所需要的实用技能。技能的类型将决定创业者可能选择的创业项目	☐	☐	☐	☐
企业经营能力——这是指经营企业所需要的综合能力。企业的市场营销固然重要,但企业生产、成本核算、记账、人员管理等其他经营企业的能力也必不可少	☐	☐	☐	☐
相关行业知识——如果创业者对自己创办的企业及其所属行业有足够的认识和了解,拥有丰富的知识和经验,就能避免很多失误。简单地讲,创业者如果懂行,就更容易成功	☐	☐	☐	☐
家庭情况——创办和经营企业将占用创业者很多时间,因此,获得家庭的理解和支持尤为重要。如果创业者的家庭成员同意创业者的创业想法,支持创业者的创业计划,创业者就有了坚强的后盾	☐	☐	☐	☐
财务状况——创办和经营企业需要一定的资金投入,如果创业者有能力负担这样的投入且不影响创业者的生活,那么创业者的创业之路就会走得更加平稳	☐	☐	☐	☐
其他相关资源条件——创业的过程,就是不断整合资源并为社会创造价值的过程,这些资源包括但不仅限于人脉资源等	☐	☐	☐	☐
数一数创业者有多少长处和多少弱点,并将数量写在右边的☐里	☐	☐	☐	☐
看看是创业者的长处多,还是弱点多? 把两边的数据加在一起做个比较。如果是长处多,说明创业者具备创办企业的潜力,选择"是";反之,选择"否"。但要注意比较哪些是关键性的要素	是☐		否☐	

练习2-4 评估自己是否具备企业家型创业者的基本特征。

填写说明:

1. 要实事求是地填写表格。

2. 填写每一项个人素质和能力,请先阅读说明,然后再评估创业者在这方面是有长处还是有弱点。

3. 把创业者的企业构思讲给某些家庭成员或关系比较密切的亲人朋友听,请他们对创业者进行评估,然后再把他们对创业者的评估填入表格中。

4. 数一数创业者有多少长处和多少弱点(先在□中画"√",再统计数量),见表2-3。

表2-3 企业家型创业者的基本特征

企业家型创业者的素质和能力	自我评估		亲友评估	
	长处	弱点	长处	弱点
企业家型创业者具有开拓与创新精神,而非习惯于因循守旧、墨守成规或照搬照抄别人的东西	□	□	□	□
企业家型创业者具有远大的目标,而非以短期利益驱动为主	□	□	□	□
企业家型创业者懂得分享,具有强烈的合作精神,而非以追求利润最大化为核心目标	□	□	□	□
企业家型创业者善于学习,依靠理性与智慧创业,他们大多善于学习,不断地修炼自己。他们的创业是一个不断学习进步,充满理性、探索、开拓创新的过程	□	□	□	□
企业家型创业者具有强烈的社会责任感和诚信精神,会主动肩负起社会赋予他们的责任,遵纪守法,诚信经营,为社会做贡献	□	□	□	□
企业家型创业者具有整合资源的能力,他们首先会问环境中有什么机会,然后才会想到自己拥有什么资源,并想方设法去获取其他相关资源	□	□	□	□
企业家型创业者具有百折不挠的精神,他们在面对挫折时,通常会表现出惊人的抗打击能力	□	□	□	□
企业家型创业者具有敏锐的洞察力和专注精神,机会还没有显示出价值,企业家型创业者就能够发现它潜在的价值。此外,他们干什么事情都需要聚精会神、心无旁骛、坚持不懈	□	□	□	□
企业家型创业者普遍具有知恩图报之心,他们通常有着宽广的情怀,不忘社会的滋养和哺育,常怀感恩之心,以回报社会为己任,持之以恒,百折不挠	□	□	□	□
数一数创业者有多少长处和多少弱点,并将数量写在右边的□里	□	□	□	□
看看是创业者的长处多,还是弱点多? 如果是长处多,说明创业者具备企业家型创业者的潜力,选择"是";反之,选择"否"。但要注意比较哪些是关键性的要素	是□		否□	

第四节　个人综合创业能力改进计划

【理论基础】

一、面对不足，坚定信心

在上一节自我评估的过程中，我们可能发现自己还有很多的弱点，离成功的创业者尚有一定的差距，甚至是离企业家型创业者还有很大的距离。

但不必灰心，自古以来，一个人的成长和发展都有一个过程，强大如马云，创业之初也经历了几起几落。创业者应该想办法克服自己的弱点，制订并实践个人综合创业能力改进计划，从而提升自己的综合创业能力。

结合崔万志案例我们会发现，崔万志出生时脐带绕颈，导致他脑部缺氧，最终造成行走不便，但他没有灰心和放弃自己，反而是在他父亲和身边的亲人朋友的鼓励下越挫越勇，反复地跌倒再爬起来，实现了生存上的独立，并完成了自己的学业；先天残疾带来的语言不流畅也没有阻碍他走向成功的舞台，他反复练习并于2015年获得《超级演说家》年度亚军。可见，"人无完人、金无足赤"，只要我们不灰心、不放弃，勇于批评与自我批评，勇于提升，就会有更多的可能性。

二、改进途径

由崔万志的经历可以看出，只有信念坚定并且不断提升自己的人，才能创业成功。一般而言，创业者弥补自己创业短板的途径有两种：一是创业者通过学习和实践锻炼，提升自己的综合创业能力，如身体虚弱可以加强锻炼，经验不足可以加强实践等；二是创业者可以组建自己的创业团队，寻找具有不同优势的人才共同创业或者雇用具有具体专长的人弥补自身不足，形成优势互补。后面的章节我们会探讨这一话题。

【思考练习】

练习2-5　个人综合创业能力的改进计划。

填写说明：

1. 要实事求是地填写表格。

2. 在弱点一栏列出创业者认为自己在个人素质、能力和资源条件方面的弱点。

3. 在目标一栏说明创业者为克服自己弱点制订的目标。

4. 在计划或方法一栏说明创业者克服自己弱点的具体计划和方法，见表2-4。

表 2-4　创业者克服自己弱点的具体计划和方法

序　号	弱　点	目　标	计划或方法
例	身体肥胖虚弱	1. 健身； 2. 两个月减 5 千克； 3. ……	1. 2 个月内每天跑步 3 千米； 2. 拒绝烟酒； 3. ……
1			
2			
3			
4			
5			
6			
7			
8			

【本章小结】

包括创业者的素质、能力和资源条件在内的个人综合创业能力往往决定了创业的成败。在打算创办一家企业之前，创业者需要全面客观地评估自己的综合创业能力，判断自己是否适合创办和经营企业，是否具备了创办和经营企业所需要的基本素质、能力和相关资源条件。

如果相关条件有弱点，创业者也不必灰心，应该想办法克服自己的弱点，制订并实践个人综合创业能力改进计划，从而提升自己的综合创业能力。此外，创业者还可以组建自己的创业团队，形成优势互补的团队进行创业活动。

【课后实践】

企业主访谈

1. 在确保安全的前提下，根据表 2-5 至表 2-7 的内容访谈三家企业的企业主（生存型创业者、工匠型创业者、企业家型创业者各一家），要求访谈的企业与自己所学的专业相关，也可以是自己意向就业或创业的企业类型。

2. 线下采访要求附上两张纸质档的照片（一张与企业主的合影；一张与企业的合影，须有企业的名称）。

3. 如线上进行，请附一张纸质档含有企业主和企业合影的照片，同时提供电话录音等线上采访资料。

表 2-5　企业主访谈记录表（生存型创业）

访谈日期：　　年　　月　　日　　　　　　　　　　　　　　　访谈人：

企业概况	企业名称			企业地址	
	企业主个人信息	姓名		企业类型	
		性别		员工人数	
		年龄		企业主要经营范围	
		学历			
	企业愿景				
企业主的创业经历（含选择创业而非就业的原因）					
选择该创业项目的理由					
创业过程中遇到的重大困难及其应对策略					
该企业主身上的优秀特质					
创业者的感想或收获					

表 2-6　企业主访谈记录表（工匠型创业）

访谈日期：　　年　　月　　日　　　　　　　　　　　　访谈人：

企业概况	企业名称			企业地址	
	企业主个人信息	姓名		企业类型	
		性别		员工人数	
		年龄		企业主要经营范围	
		学历			
	企业愿景				
企业主的创业经历（含选择创业而非就业的原因）					
选择该创业项目的理由					
创业过程中遇到的重大困难及其应对策略					
该企业主身上的优秀特质					
创业者的感想或收获					

表 2-7 企业主访谈记录表（企业家型创业）

访谈日期： 年 月 日 访谈人：

企业概况	企业名称			企业地址	
	企业主个人信息	姓名		企业类型	
		性别		员工人数	
		年龄		企业主要经营范围	
		学历			
	企业愿景				
企业主的创业经历（含选择创业而非就业的原因）					
选择该创业项目的理由					
创业过程中遇到的重大困难及其应对策略					
该企业主身上的优秀特质					
创业者的感想或收获					

第三章　选择合适的创业项目

俗话说:"方向不对,努力白费!"创业项目选择有问题,创业活动将很难成功。为自己选择一个合适的创业项目,是创业成功的必备要素之一。一个好的创业项目必须包含两个方面的特征:一是必须以客户需求为出发点;二是创业者必须具备满足客户需求的综合能力。本章将对如何选择合适的创业项目进行梳理。

【学习目标】

1. 了解创业项目的分类及其成功的关键要素;
2. 了解创业项目的来源并为自己寻找创业项目;
3. 学会创业项目的分析方法并确定自己的创业项目。

【案例导读】

从北大才子到"猪肉大王"

数年前,北大毕业生陆步轩当屠夫的新闻曾一度传遍大江南北,并引发了人们关于此行为是否浪费人才的大讨论。数年之后,另一位北大才子陈生也悄悄进入养猪行业,并用不到两年的时间在广州开设了近100家猪肉连锁店,营业额达到2亿元,被人称为广州"猪肉大王"。这回人们的关注点不再是北大毕业生该不该卖猪肉,而是探究陈生在卖猪肉行业掀起的这场"变法革命"。

下海经商　因为穷疯了

1980年,陈生收到了北京大学经济学院的录取通知书,他离开自己的家乡——遂溪县官湖村,去首都北京上大学,这对于有着悠久历史的小小官湖村而言,是一条爆炸性新闻。1984年,陈生从北京大学毕业,被分配到中共广州市委办公厅成为一名公务员,两年后被调回到中共湛江市委办公室。1990年,随着下海狂潮的迅速升温,陈生终于坐不住了,他决定辞职,下海经商。后来在接受某记者采访时,陈生才说出了下海经商的真正原因:"关键还是穷啊!"那时候公务员待遇远没有现在这么好,陈生说:"我们几个朋友都是从名校毕业的,可是在机关里的收入非常低。我们家睡觉都从来不关门,为啥? 就是因为没有任何值得别人惦记的东西,没有任何值钱的东西可拿。穷得没有办法了,只好下海去拼。"

辞职后,陈生当起了个体户,摆起了地摊。做"北运菜"缘于一次他去乡下走访亲戚。当时,湛江的北运菜行业刚刚起步,由于市场信息不畅,北运过程中风险很高。见亲戚正为萝卜卖不出去而发愁,并称"明年再也不种了",陈生意识到种植反季节蔬菜大有可为。于是,1991年夏天,陈生在廉江承包了100多亩(1亩=666.67平方米,下同)菜地,种起了北运菜。他听说廉江有位老农种菜高产高价,专程跑几十千米去廉江请教"种菜经",老农道出的窍门很简单:"人家种瓜你种菜;人家种菜你种瓜。"简单的一句话,陈生受用终生。聪明而善于分析的陈生很快发现,天气对蔬菜的价格影响最大,天气暖和,菜价差,天气冷,菜价好。因此,每当寒潮来临,他就大量进货。做北运菜不到一年,他就赚了60万~70万元。

后来,陈生还卖过白酒,卖过房子,卖过饮料,生意做得都不错,而在商场这么多年,能让陈生一直存活下来靠的就是他永远都领先别人的想法。他认为,很多事情不是具备条件、做好了调查才去做就能做好,而是在条件不充分的时候就要开始做,这样才能抓住机会。至于条件的不足,可以用种种办法调动一切资源来解决。正如他卖白酒的时候,开始根本没有能力投资数千万元设立厂房,可是他直接从农户那里收购散装米酒,不需要在固定设施上投入一分钱便可以让广大的农民帮他生产,产能居然能达到投资5 000万元的工厂的数倍。之后,他积累起一定资金再开始从买成品酒转变成来料加工,这才开始租用厂房和设施,再之后才有自己的厂房,打造自己的品牌。迅速地进入和占领市场,让他在白酒市场上打了场漂亮仗。

"天地壹号"横空出世

当陈生的房地产事业做得如火如荼的时候,陈生选择了撤离。创业往往带有偶然性,1997年1月,一领导人来湛江视察,在宴席上用雪碧兑陈醋当饮料,此种喝法迅速风靡了广东。陈生没有和大家一起尝味道,他直接想到了如何将这种饮料生产出来。经过多次尝试,"天地壹号"苹果醋就此诞生。

1997年6月4日,天地壹号试产成功,7月2日正式投产。天地壹号刚上市旋即供不应求,并因其产品的独特性以及健康佐餐的特点广受好评。2002年9月12日,广东天地壹号饮料有限公司正式成立,后来发展成为全国最大的醋饮料生产基地,占地面积约100亩,员工1 000多人,市场销量和品牌美誉度在全国近200个醋饮料品牌中独占鳌头。产品不但旺销整个广东,还出口东南亚乃至美国,并逐渐向周边省份扩展,每年保持着50%的增长,市场份额一度占全国醋饮料市场的40%,广东的90%。"把天地壹号产品定位在佐餐上,使它进入了一个几乎是空白的市场,啤酒把它当饮料,饮料把它当啤酒。"陈生说,避开竞争是最好的竞争。

"屠夫"商海争雄

如果说天地壹号的成功带有偶然性,壹号土猪的成功则展现了陈生的经商天赋。在当上"猪肉大王"之前,陈生还当了几年的"鸡头"。陈生养鸡的灵感,源于2003年逛湛江美食节,当他看到某个品牌的隔水蒸鸡档前排着长长的队伍,不由感叹了一声:"做鸡挺好!"随后的几天，陈生闭门谢客，专注思考养鸡问题。他认为，按现代企业要求做大土鸡养殖规模，一定更有竞争力。2004年年初，"禽流感"肆虐，重创养殖业，陈生却选择寒冬入市，租用东坡荔园的场地养壹号土鸡。面对众多的质疑，他说："'禽流感'把我大部分竞争对手清理掉了，入行正逢时。"2005年，壹号土鸡上市，销售额一路飙升。如同当年做北运菜和房地产一样，陈生总是在产业如日中天时选择撤离。"我选择离开，是因为我控制不了市场终端。鸡养得再好，只能通过鸡贩子卖，一到市场上鱼目混珠，假冒的土鸡对品牌破坏很大。"

其实，在他准备放弃土鸡的时候，已经有了更好的项目。2006年，他在研究鸡市场时，发现猪肉的市场很大，因为中国每年的猪肉消费约500亿千克，按每千克20元算，年销售额就高达上万亿元。而与其他行业相比，猪肉这个行业一直没有得到很好的整合，基本上没有形成规范的产业化，竞争不强，档次不高，机会很多。并且在那时，同样是北大学子的陆步轩卖猪肉的新闻也是沸沸扬扬，陈生觉得："北大的学生可以卖猪肉，但是不能老在一个档口里卖猪肉，或者说不能老是自己在卖猪肉。要是我卖猪肉，我一定会卖出点北大水平来。"

于是，陈生花了三个月的时间去调研，他这次选择了保守的战术，准备了一年多才开始他的养猪事业。在养猪上，陈生吸取了养鸡的教训，不但自建农场，同时也在终端布局，弥补了之前没有销售端口的不足。而且，为了加强质量把控，档口采取自营。还成立了"屠夫学校"，聘请陆步轩做名誉校长，他亲自为"屠夫学校"撰写了20万字的教材。

2007年年初壹号土猪上市后，很快打开了市场，企业也顺利步入正轨，每年都能保证200%的增长速度，不久便在整个珠三角地区有400多家档口，年销量22万头猪，是行业第二名的7倍，爆发性很强。陈生说："看上去我的创业一帆风顺，却也不尽如此。这些都是努力付出所得。员工都知道我是工作狂，平时工作到凌晨，经常半夜召集大家开会。有一次，公司有个会议是安排在晚上8点，结果由于飞机晚点，我半夜12点才到，员工都在会议室等着我开会。这几年，我一直保持着危机感，每个月我都要写一封邮件给公司的管理层和股东，汇报公司业绩，也指出公司存在的问题，未雨绸缪，防患于未然。"

壹号土猪的成功，得益于陈生既懂技术，又懂市场。在做猪肉之前，他一直在做快消品，"卖过酒，卖过饮料，已经交了非常多的学费。"陈生自嘲道。在他看来，快消行业没有10年弄不清楚里面的门道。养土猪之前，他已经养过土鸡，对养殖行业也有研究。决定转型做土猪之后，他把中国从南到北、从东到西的土猪品种都考察了一遍，试吃过无数的猪肉。他还开办了一个土猪研究所，专门研究土猪育种问题，是目前国内最大的地方猪种基因库。

经过多年的发展，陈生基本完成了创业期，走上了一条快车道，用他的比喻："企业现在上了高速公路，只需往前开，把方向，加加油。"由他创办的广东天地壹号饮料有限公司（天地壹号品牌）和广东天地食品有限公司（壹号土猪品牌）两个企业在各自细分市场已经做到全国第一，前者是全国最大的醋饮料厂商，占全国市场份额的40%，广东市场份额的90%，税利总额超亿元。壹号土猪创业前五年，更是以每年翻一番的速度高速增长。2007年销售额突破 3 000 万元, 2009 年 1.2 亿元, 2011 年超过 4 亿元……在土猪细分市场里, 壹号土猪成为当之无愧的行业领导者。

研讨主题：

结合上述案例, 你认为创业者应如何选择创业项目？

第一节　创业项目类型与成功要素

【理论基础】

在互联网和大数据时代的今天, 各种各样的创业项目似乎随处可见, 别人能做的你未必能做, 之前能做的现在未必做得好。为自己选择一个合适的创业项目, 并进行合理运作, 企业才有可能成功。如果创业项目选择不合适, 创业活动很可能像"南辕北辙"的故事一样, 无论你投入多少金钱、时间和精力, 企业注定会失败。

创业者在创业之前必须要先选择好项目, 才能开启下一步的创业之路。创业项目有很多种类型, 创业项目的分类方式也有很多种, 可以按社会属性分类, 可以按规模分类……从观念角度划分为传统创业项目、新兴创业项目；从创业方法角度划分为实业创业项目、网络创业项目；从投资角度划分为无本创业项目、小本创业项目；从规模角度划分为大型创业项目、中小微创业项目……

如果按产业类型来分, 创业项目可以分为以下三种类型：

1. 第一产业：主要指生产食材以及其他一些生物材料的产业

此类创业项目包括种植业、林业、畜牧业、水产养殖业等直接以自然物为生产对象、主要利用土地或水域资源进行生产的产业。创业项目可能是种植蔬菜和水果, 也可能是养殖家禽和水产。

此类创业项目成功的关键因素有以下几个方面：

(1) 创业者具备相关的知识和技术以保证种植或养殖的产品质量好。

(2) 能够有效利用土地和水源。

(3) 能够及时应对各种自然或人为的灾害。

(4) 拥有通畅且稳定的销售渠道。

(5) 拥有高效的产品运输网络。

(6) 创业者注重环境保护。

2. 第二产业：主要指加工制造产业或手工制作业

此类创业项目利用自然界和第一产业提供的基本材料进行加工处理, 即使用原材料生产制作商品的创业项目。比如利用布料为主要原料开设服装厂,利用木头为主要原料开设家具厂,利用钢铁为主要原料开设造船厂。

此类创业项目成功的关键因素有以下几个方面:

(1)创业者具备相关的知识和技术以保证生产的产品有一定的竞争优势。

(2)工厂布局合理且生产组织有效以保证生产的高效运营。

(3)拥有通畅且稳定的销售渠道。

(4)原料供应充足以保证生产的持续性。

(5)拥有高效的产品运输网络。

(6)创业者注重保护环境。

3. 第三产业:第一产业、第二产业以外的其他行业,通常指现代服务业或商业

此类创业项目范围比较广泛,主要包括交通运输业、通信产业、商业、金融业、教育、公共服务等非物质生产部门。

此类创业项目成功的关键因素有以下几个方面:

(1)能够利用各种合理合法的资源和营销手段进行销售。

(2)提供的商品质量好、性价比高,且种类多样。

(3)提供及时可靠的服务。

(4)重视顾客反馈。

学习了创业项目的产业类型及其成功的关键要素,或许你会有以下发现:

(1)如果选择第一产业类创业项目,创业者要掌握较强的专业技术,能很好地与当地政府、居民,甚至是科研机构打交道。

(2)如果选择第二产业类创业项目,创业者要具有较丰富的相关行业经验,而且要有一定的创新和研发新产品的能力,有较强的生产管理能力。

(3)如果选择第三产业类创业项目,创业者要性格开朗,有耐心,讲诚信,善于与人沟通,掌握灵活的销售技巧,并能够妥善处理各种纠纷、矛盾等。

一般来说,大学生,尤其是刚刚步入社会的大学生,独立选择第一产业类创业项目的概率比较低;独立选择第二产业类创业项目的可能性也不大,除非是"前店后厂"的模式;通常情况下,大学生创业从第三产业类创业项目着手的可能性比较大。但无论最终选择怎么样的创业项目,创业者都应该做到以下两点:真诚服务客户,真诚关爱员工。

【思考练习】

练习 3-1 高校周边一千米范围内都有哪些创业项目,离学校门口的距离怎么样? 为什么会是这样的?

表 3-1　高校周边的创业项目

序　号	创业项目	离校门口的距离	原　因
1			
2			
3			
4			
5			
6			
7			
8			

第二节　创业项目的来源

【理论基础】

　　一般来讲,一个好的创业项目,必须满足以下两个方面的条件:必须以客户需求为出发点和必须具备满足客户需求的综合能力。简单地讲,就是客户有需求,创业者有能力满足他。

　　在当今这个互联网和大数据时代,创业项目的来源渠道有很多,下面做一个简要的介绍。

一、亲友的经验或实践

　　"在家靠父母,出门靠朋友"。很多时候,大学生的创业项目来源于亲友的经验或实践。如父母开了一家珠宝店,你是否考虑过开一家分店;又如学长经营的一个快递收发站转让,你是否考虑接手等。

二、调查周边的企业、机构或环境

（1）你可以调查你周边的企业的情况，了解这个地区有哪些类型的企业，看看你在市场中能否找到生存空间。如社区有没有超市，它的经营状况如何，你是否可以开一家？

（2）你也可以调查一个周边的机构，如周边有一家医院，在医院旁开一家药店或水果店是否可行？又如周边有一所高校，在校园附近开一家餐饮店或奶茶店是否可行？

（3）你还可以调查一下其他环境资源，如湖北省恩施土家族苗族自治州旅游资源丰富，开一家农家乐或者民宿是否可行？

三、充分利用互联网

当今是一个网络时代，甚至很多创业活动也从线下搬到网络上来，如我们熟知的京东、淘宝等；此外，网络也是一个信息平台，你可以尝试着在网络上找找适合自己的创业项目。

（1）你可以利用一些 B2B 网站，网站上的信息可以帮助你发现市场需求。

（2）你也可以利用 B2C 网站，这些网站上有数量庞大的商家提供的各种各样的产品，如果发现很多人对某类产品非常感兴趣，这也许就是一个商机。

（3）你也可以利用百度指数、阿里指数等互联网大数据分析工具，分析创业项目的情况。大数据时代有太多的方法在网上获得各种信息，但千万牢记，网络有风险，投资要谨慎。

四、利用各种问题

你或你的亲友在学习、工作和生活中是否遇到过各种问题，问题中是否存在商机？如你在校园外的水果摊买水果时有没有遇到过缺斤短两的情况？你开一家诚信水果店是否可行？又如你在小学边上有没有听到家长说小孩子视力下降？那么加盟一家护眼卫生机构是否可行……

五、实验及研究成果

实验及研究成果是指高校或研究机构自主研发的成果。选择这些成果作为创业项目将大大推进研究、教学和企业生产的衔接，加快实验及研究成果的转化进程。这种创业项目在创业时具有技术优势，容易吸收创业资金，降低创业者的融资难度，因而增加了创业成功的可能性。

六、各种发明和专利

发明和专利也是创业项目的重要来源。发明和专利都是具有创意的设想，如果进行产业化生产将会带来巨大的社会财富。当然,并不是所有的发明和专利都能顺利地转化为实际的大规模生产,因为要实现产业化还受到环境和许多条件的制约。

七、创业计划大赛

大学生的创业设想是创业项目的重要来源。现阶段,多地政府部门和高校本身都在举行各种类型的大学生创新创业大赛,这不但有利于激发大学生的创业意识,培养他们的创新创业能力,而且有利于大学生创业计划的实施。许多大学生积极参加各类竞赛,在比赛中培养了创新创业的意识,锻炼了创新创业的能力,甚至有部分学生把竞赛项目付诸实践,实现自己的创业梦。

八、头脑风暴法

(一)头脑风暴法简介

头脑风暴法出自"头脑风暴"一词。所谓头脑风暴最早是精神病理学上的用语,指精神病患者精神错乱的状态,如今引用为无限制地自由联想和讨论,其目的在于产生新观念或激发创新设想。

头脑风暴法,由美国 BBDO 广告公司(天联广告公司)的奥斯本首创,该方法主要由小组人员在正常融洽和不受任何限制的气氛中以会议形式进行讨论、座谈,鼓励打破常规,积极思考,畅所欲言,充分发表看法。

在群体决策中,群体成员受心理影响,易屈于权威或大多数人意见,形成所谓的"群体思维"。群体思维削弱了群体的批判精神和创造力,降低了决策的质量。为了保证群体决策的创造性,提高决策质量,管理方面出现了一系列改善群体决策的方法,头脑风暴法是较为典型的一个。

使用该方法时,个人或小组可以从一个词语或一个题目开始,将所有想法写下来,能写多少就写多少,即使某些想法乍看上去似乎毫不相干或者不切实际。一个好的创业项目往往源于异想天开,很多大企业也会利用这种方法激发有关新产品的想法。

例如,桂林人小明和五个朋友一起用头脑风暴法寻找创业项目,他们从"旅游"这个词开始,很快就发现了许多可能性,如汽车租赁、导游、拍照、工艺品、地图、住宿、美食、农家乐等。

(二)头脑风暴法能激发创新思维的原因

1. 联想反应

联想是产生新观念的基本过程。在集体讨论问题的过程中,每提出一个新的观念,都能引发他人的联想,相继产生一连串的新观念,产生连锁反应,形成新观念堆,为创造性地解决问题提供了更多的可能性。

2. 热情感染

在不受任何限制的情况下,集体讨论问题能激发人的热情。人人自由发言、相互影响、相互感染,能形成热潮,突破固有观念的束缚,最大限度地发挥创造性的思维能力。

3. 竞争意识

在有竞争意识的情况下,人人争先恐后,竞相发言,不断地开动思维机器,力求有独到见解,更容易产生新奇观念。心理学的原理告诉我们,人类有争强好胜的心理,在有竞争意识的情况下,人的心理活动效率可增加50%或更多。

4. 个人自由发言

在集体讨论解决问题的过程中,个人的发言不受任何干扰和控制,是非常重要的。头脑风暴法有一条原则,不得批评仓促的发言,甚至不许有任何怀疑的表情、动作、神色。这就使每个人畅所欲言,提出大量的新观念。

(三)头脑风暴法的原则

1. 延迟评判原则

对各种意见、方案的评判必须放到最后阶段,此前不能对别人的意见提出批评和评价。认真对待任何一种设想,而不管其是否适当和可行。

2. 自由畅想原则

欢迎各抒己见,自由鸣放,创造一种自由、活跃的气氛,激发参加者提出各种荒诞的想法,使与会者思想放松,这是智力激励法的关键。

3. 以量求质原则

追求数量。意见越多,产生好意见的可能性越大,这是获得高质量创造性设想的条件。

4. 综合改善原则

探索取长补短和改进办法。除提出自己的意见外,鼓励参加者对他人已经提出的设想进行补充、改进和综合,强调相互启发、相互补充和相互完善,这是智力激励法能否成功的标准。

5. 突出求异创新原则

这是智力激励法的宗旨。

6. 限时限人原则

头脑风暴法除有一般性头脑风暴法外,还有结构性头脑风暴法和同心圆头脑风暴法等,此处不再赘述。

总而言之,只要创业者能够掌握选定创业项目的基本策略,并能灵活运用这些策略,就会发现处处有创业项目,时时有创业项目。

【思考练习】

练习3-2 利用上述方法,列出你此刻想到的创业项目。

创业项目

第三节　创业项目分析

【理论基础】

通过上一节的内容和方法,创业者心里或许已经产生了 10 个、20 个,甚至更多的创业项目,但创业者不可能将它们同时启动,需要在里面选出最合适的那一个。

一、初步筛选创业项目

通过各种渠道和方法找到了众多的创业项目后,创业者一定要认真思考以下几个问题:

(一)关于客户

(1)潜在客户足够多吗?

(2)潜在客户体量发展趋势如何? 是体量越来越大、购买力越来越强、购买意愿越来越高,还是相反?

如果答案是肯定的,该创业项目成功的可能性也就相应增大,创业者可以进入下一步分析;反之,建议暂时放弃。

(二)关于竞争对手

(1)竞争对手数量众多还是相反?

(2)竞争对手实力雄厚还是相反?

如果答案是否定的,创业者未来就很有可能在竞争中胜出,该创业项目成功的可能性也相应增大,可以进入下一步分析;反之,如果竞争对手众多且实力雄厚,则你的创业项目未来很难有生存空间,建议暂时放弃。

(三)创业者本身的综合创业能力

(1)有信心和能力赢得客户吗?

(2)有信心和能力在激烈的竞争中生存下来并得到发展吗?

如果创业者信心十足也具备相关的能力,该创业项目成功的可能性就相应增大,可以进入下一步分析;反之,如果创业者没有信心也不具备相关的能力,建议暂时放弃。

(四)赢利能力及前景

有些创业项目赢利能力有限,且无太大发展前景,哪怕潜在客户可能会很多,竞争对手相对很少,创业者本人也有相应的综合能力去执行,但仍少有人愿意运营。

通过以上的初步筛选,几十个创业项目可能只剩下两三个,甚至是一个。这时候,创业者就需要进入下一步,详细分析并最终确定合适的创业项目。

二、分析并确定合适的创业项目

经过初筛剩下来的创业项目或许只有少数的一至两项,你要进行全面的分析,并做出决定,选出一个合适的创业项目。

(一)市场调研

"没有调研就没有发言权"——在合理合法的前提下,通过多种形式的市场调研,你会对自己的潜在客户和竞争对手有更深的了解;同时,你也可以想办法得到一些重要的参考意见,如前辈或同行的经验分享或市场相关主管部门的建议。

从某种意义上讲,市场调研就是在前面"初步筛选创业项目"的基础上,将重点关注的创业项目进行实地再调研,以进一步分析创业项目。

(二)SWOT 分析

1. SWOT 简介

创业者有必要对自己意向的创业项目进行 SWOT 分析。SWOT 分析可以帮助创业者集中考虑创业项目可能存在的问题和具备的潜在优势,以此确定项目是否合适,是否经得起推敲。

SWOT 由 Strength（优势）、Weakness（劣势）、Opportunity（机会）、Threat（威胁）四个英

文单词的第一个字母组合而成。SWOT 分析是可以用来分析评估创业项目自身的优势、劣势和外在的机会、威胁,从而将创业项目内部资源与外部环境有机结合起来的一种分析方法。

SWOT 分析方法应用非常广泛,如很多人在进行职业生涯规划的过程中都会用到。对创业项目进行 SWOT 分析时要仔细考虑,并写下自己创业项目的所有优势、劣势、机会、威胁。

(1)优势是指创业项目的有利因素。例如,创业者计划销售的产品质量很好。

(2)劣势是指创业项目不具优势的方面。例如,创业者的生产成本过高。

(3)机会是指周边存在的对创业项目有利的因素。例如创业项目为中高端水果店,周边刚好多了一个刚完工的高档社区,潜在客户的数量将会上升。

(4)威胁是指周边存在的对创业项目不利的因素。例如,在这个地区有新的实力雄厚的竞争对手进入。

湖北恩施有"世界硒都"的美誉,旅游资源丰富,特色产品多样,湖北恩施的小明刚刚大学毕业,准备开一家恩施特色产品网店,并对自己的创业项目做了 SWOT 分析,见表3-2。

表 3-2　开一家恩施特色产品网店的 SWOT 分析

优势(S)	劣势(W)
1. 掌握美工技能 2. 有可靠的、具竞争力的货源 3. 有相应的设备、场地 4. 家人支持,无经济负担和压力	1. 不了解网店运营的相关知识 2. 对产品知识缺乏了解
机会(O)	威胁(T)
1. 网上购物的人越来越多 2. 恩施特色产品日益受到消费者青睐 3. 国家政策鼓励电子商务发展 4. 特色农产品市场发展迅速,前景广阔	1. 网上已有知名品牌 2. 市场的价格竞争日趋激烈 3. 市场监管政策调整

2. SWOT 分析的结果

任何项目 SWOT 分析的结果都可能存在四种情况,如图 3-1 所示。

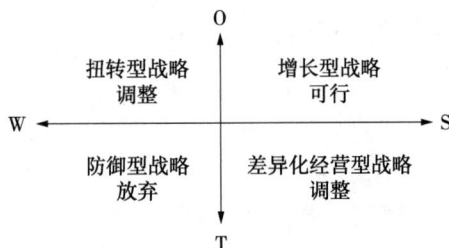

图 3-1　SWOT 分析对应的战略

针对小明实际情况的不同,可以做出以下选择,见表3-3。

表3-3　开一家恩施特色产品网店的 SWOT 分析对应的战略

战　略	具体措施
SO 增长型战略	1. 在市场旺季到来前,完成网店建设、产品图片处理和上架工作 2. 在市场旺季到来前,开展前期推广和爆款预热 3. 通过预订打折等方式吸引顾客
WO 扭转型战略	1. 积极参加相关培训和学习,掌握相关知识和技能 2. 寻找和引进有相关经验的合伙人 3. 借鉴同类网店的运营经验,甚至到货源地实地考察学习
ST 差异化经营型战略	1. 不与竞争对手打价格战,注重产品品质和服务质量 2. 关注小众人群、特殊人群需求,选择差异化市场和竞争策略 3. 重视老顾客维护,并通过老顾客进行传播,降低推广运营成本
WT 防御型战略	1. 做其他产品 2. 选择其他经营方式,比如做实体店或二级批发 3. 放弃创业,选择就业

在你做完 SWOT 分析后,或许你就会有自己的决定:

(1)优势多,机会多,坚持自己的项目构思并进行全面的可行性研究。

(2)优势不明显,机会和威胁相当,修改原来的项目构思。

(3)劣势明显,威胁过大,完全放弃这个项目构思。

(三)波特五力模型分析

波特五力模型是迈克尔·波特于20世纪80年代初提出,用于竞争战略的分析,可以有效地分析客户竞争环境的模型。它对企业战略制订产生了全球性的深远影响。五力分别是供应商的议价能力、购买者的议价能力、潜在竞争者的进入能力、替代品的替代能力、行业内竞争者现在的竞争能力。五种力量的不同组合变化最终影响行业利润潜力变化,如图3-2所示。

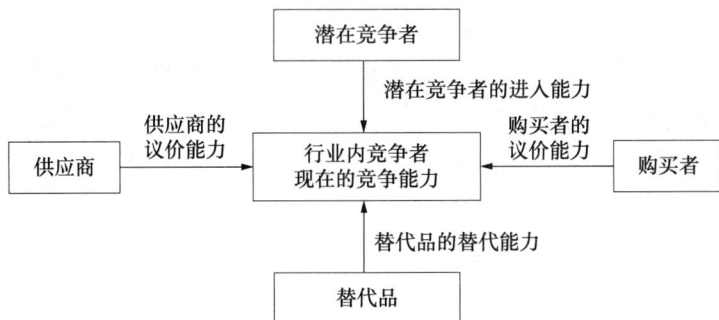

图3-2　波特五力模型示意图

1.供应商的议价能力

供方主要通过提高投入要素价格与降低单位价值质量的能力,影响行业中现有企业的赢利能力与产品竞争力。供方力量的强弱主要取决于他们提供给买主的是什么投入要素,当供方所提供的投入要素其价值构成了买主产品总成本的较大比例,对买主产品生产过程非常重要或者严重影响买主产品的质量时,供方对买主潜在讨价还价的力量就大大增强。一般来说,满足以下条件的供方会具有比较强大的讨价还价力量:

(1)供方行业被一些具有比较稳固市场地位而不受市场激烈竞争困扰的企业所控制,其产品的买主很多,以至于单个买主不可能成为供方的主要客户。

(2)供方各企业的产品各具特色,以至于买主难以转换或转换成本太高,或者很难找到可与供方产品相竞争的替代品。

(3)供方能够方便地实行前向联合或一体化(产业链纵向延伸的能力),而买主难以进行后向联合或一体化。

2.购买者的议价能力

购买者主要通过压价与要求提供较高的产品或服务质量的能力,影响行业中现有企业的赢利能力。一般来说,满足以下条件的购买者可能具有较强的讨价还价能力:

(1)购买者的总数较少,而每个购买者的购买量较大,占了卖方销售量的很大比例。

(2)卖方行业由大量相对来说规模较小的企业所组成。

(3)购买者所购买的基本上是一种标准化产品,同时向多个卖主购买产品在经济上也完全可行。

(4)购买者有能力实现后向联合或一体化,而卖主无法实现前向联合或一体化。

3.潜在竞争者的进入能力

潜在竞争者在给行业带来新生产能力、新资源的同时,也希望在已被现有企业瓜分完毕的市场中赢得一席之地,这就有可能会与现有企业发生原材料与市场份额的竞争,最终导致行业中现有企业赢利水平降低,严重的话还有可能危及这些企业的生存。竞争性进入威胁的严重程度取决于两方面的因素,即进入新领域的障碍大小与预期现有企业对潜在竞争者的反应情况。

进入障碍主要包括规模经济、产品差异、资本需要、成本转换、销售渠道开拓、政府行为与政策(如国家综合平衡统一建设的石化企业)、不受规模支配的成本劣势(如商业秘密)、自然资源(如冶金业对矿产的拥有)、地理环境(如造船厂只能建在滨海滨江城市)等方面,其中有些障碍是很难借助复制或仿造的方式来突破的。

预期现有企业对潜在竞争者的反应情况,主要是采取报复行动的可能性大小,这取决于有关厂商的财力情况、报复记录、固定资产规模、行业增长速度等。总之,潜在竞争者进入一个行业的可能性大小,取决于潜在竞争者主观估计进入所能带来的潜在利益、所需花费的代价与所要承担的风险这三者的相对大小情况。

4. 替代品的替代能力

两个处于同行业或不同行业的企业,可能会因为所生产的产品是互为替代品,而产生竞争行为,这种源自替代品的竞争会以各种形式影响行业中现有企业的竞争战略。第一,现有企业产品售价以及获利潜力,将因为存在着易被用户接受的替代品而受到限制;第二,替代品生产者的侵入,使现有企业必须提高产品质量,或者通过降低成本来降低售价,或者使其产品具有特色,否则其销量与利润就有可能受挫;第三,源自替代品生产者的竞争强度,受产品买主转换成本高低的影响。总之,替代品价格越低、质量越好、用户转换成本越低,其所产生的竞争压力就越强;而这种来自替代品生产者的竞争压力强度,可以通过具体考察替代品销售增长率、替代品厂家生产能力与盈利扩张情况来加以分析。

5. 行业内竞争者现在的竞争能力

大部分行业中的企业相互之间的利益都是紧密相连的,作为企业整体战略的一部分的各企业竞争战略,其目标都在于使自己的企业获得相对于竞争对手的优势。所以,在实施中必然会产生冲突与对抗现象,这些冲突与对抗就构成了现有企业之间的竞争。现有企业之间的竞争常常表现在价格、广告、产品介绍、售后服务等方面,其竞争强度与许多因素有关。

一般来说,出现下述情况将意味着行业中现有企业之间竞争的加剧:行业进入障碍较低,势均力敌竞争对手较多,竞争参与者范围广泛;市场趋于成熟,产品需求增长缓慢;竞争者企图采用降价等手段促销;竞争者提供几乎相同的产品或服务,用户转换成本很低;一个战略行动如果取得成功,其收入相当可观;行业外部实力强大的公司在接收了行业中实力薄弱的企业后,发起进攻性行动,结果使刚被接收的企业成为市场的主要竞争者;退出障碍较高,即退出竞争要比继续参与竞争代价更高。在这里,退出障碍主要受经济、战略、感情以及社会政治关系等方面的影响,具体包括资产的专用性、退出的固定费用、战略上的相互牵制、情绪上的难以接受、政府和社会的各种限制等。

行业中的每一个企业或多或少都必须应付以上各种力量构成的威胁,而且客户必须面对行业中的每一个竞争者的举动。

根据上面对五种竞争力量的讨论,企业可以采取以下手段提高自己的市场地位与竞争实力:尽可能地将自身的经营与竞争力量隔绝开来,努力从自身利益需要出发影响行业竞争规则,先占领有利的市场地位再发起进攻性竞争行动等。

在创业项目分析过程中,往往是以一两种方法为主,其他方法为辅;或者几种方法同时使用,把不同方法得出的项目的交集找出来,从中选取最适合自己的项目,再开展创业行动。

【思考练习】

练习3-3 结合本章《从北大才子到"猪肉大王"》的案例分析,陈生选择项目时用了哪些方法?并举例说明,见表3-4。

表 3-4 项目所用方法及举例

序 号	方 法	举 例
1		
2		
3		
4		
5		

【本章小结】

选择合适的创业项目是创业成功的关键所在,创业项目按产业类型分类,可以分为以下三种类型:第一产业类创业项目、第二产业类创业项目、第三产业类创业项目。创业者想要成功,都应该做到以下两点:真诚服务顾客,真诚关爱员工。

创业项目的来源渠道有很多,如亲友的经验或实践,调查周边的企业、机构或环境,充分利用互联网,利用各种问题,实验及研究成果,各种发明和专利,创业计划大赛,头脑风暴法,等等。

创业者需要在多个创业项目中选择一个合适的创业项目,经过分析客户和竞争对手,还有创业者的综合创业能力,可以很快地筛选掉不适合自己的创业项目。对剩下的创业项目,创业者可以利用实地调研、SWOT 法、波特五力模型等分析方法对创业项目进行深入的分析,最终确定一个合适的创业项目。

【课后实践】

运用本课程学习的各种方法,为自己选择一个合适的创业项目,并进行创业项目分析。

1. 你和你的团队找到了哪些创业项目?

2. 对最终选择的创业项目进行 SWOT 分析,见表 3-5。

表 3-5　SWOT 分析法

优势(S)	劣势(W)
1. 2. 3.	1. 2. 3.
机会(O)	威胁(T)
1. 2. 3.	1. 2. 3.

3. 对自己的创业项目进行波特五力模型分析。

4. 你们决定的创业项目是哪一个,简要说明原因。

第四章　开拓目标市场

通过前面章节的学习,创业者对自己的综合创业能力做了评估并制订了相关的提升计划;创业者还为自己选择了一个相对合适的创业项目。现在,创业者需要学习评估和开拓市场的知识,了解分析市场前景的方法工具,掌握开拓目标市场的方式方法。

【学习目标】

1.学习并掌握评估客户和竞争对手的方法;

2.学习4P,4C 等营销理论并制订自己的营销计划;

3.学习销售预测的相关知识并为自己的创业项目做销售预测;

4.学习并设计自己的商业模式。

【案例导读】

华为早期抢占市场的三个真实故事

20 世纪 80 年代末,国内通信市场基本被美国、日本等 7 个发达国家垄断,刚起步的华为只是一家没背景、没优势的民营企业,甚至在创办初期一度连工资也发不出来,更别说和那些强大的跨国企业竞争了。

那么,在如此严峻的市场环境下,华为是如何存活下来并发展壮大的? 这里与创业者分享华为早期抢占客户市场的三个真实故事。

故事一:选择更难的农村市场

面对严峻的市场环境,任正非发现跨国企业垄断的是城市通信市场,而农村市场却无人问津。因为农村市场线路条件差、利润低,跨国公司根本不屑于去拓展,这就等于给华为创造了一个狭小却安全的空间。于是,任正非带领华为从农村市场突围,将目标锁定在市场发展不成熟的县级地区。同时,为了争取到农村市场的胜利,华为一直采取聚焦战略,用更多投入来建立竞争优势。比如,全球最大的移动通信设备商爱立信,当时对黑龙江市场并不重视,只安排了三四名员工负责。但是华为却派出了 200 多人常年驻守黑龙江,对每个县电信局的本地网项目寸土必争、分毫不让。华为明白,农村市场经济发展水平低,无法承担太多费用,华为必须在价格上打出优势,才有机会赢得客户。面对农村客户,华为非常珍惜这个来之不易的机会,坚持为客户提供最好的服务,只要客户有需求,华为员工一定会在第一时间内满足。任正非平时很少接见外人,可面对那些县级客户时,他无论多忙,都会抽出时间亲自接见。这种服务态度和工作效率,让客户格外赞赏。所以,即便后来有很多大公司也陆续进入农村市场,但华为一直稳稳占据着市场份额,没有遭遇真正的威胁。

这个故事说明,无论巨头公司多么强大,都满足不了所有的市场需求。哪怕是创业初期,只要在一个点上全力以赴,也有机会打赢大公司。

故事二:用免费策略拿下城市

1999年,华为进入四川市场。当时,同样作为通信公司的上海贝尔公司,在四川的市场份额是90%,占据绝对的垄断地位,华为基本没有任何机会正面赢得竞争。于是,任正非制订了一项秘密计划:免费服务,为客户布设接入网。虽然客户对华为并不信任,可与跨国企业的高昂费用相比,免费的诱惑几乎无法阻挡,再加上服务优质,华为快速吸引了许多客户。由于保密工作做得非常到位,直到华为完成所有接入网的布设,上海贝尔公司才发现自己的市场份额已经大幅降低了,根本没有办法还击。就这样,华为神不知鬼不觉地抢占了四川70%以上的市场份额。接下来,华为如法炮制,用免费试用的策略,一步步攻下其他城市,最终成为国内通信市场的领头羊。

这个故事不仅提醒我们市场凶险,更让我们明白,很多看上去没有胜算的情况,恰恰藏着更大的生机。

故事三:从落后国家打开国际市场

华为在拓展海外市场时,决定复制"农村包围城市"的经验,先进入电信发展较弱的国家,步步为营,层层包围,最后攻占发达国家。

俄罗斯是华为首先瞄准的目标。开拓海外市场并非易事,因为在俄罗斯人眼中,电信是国际巨头的专利,中国制造并不可信,但华为依然决定向俄罗斯发起攻坚。1997年,俄罗斯陷入经济低谷,国际巨头纷纷从俄罗斯撤离,但华为反其道而行之,做出两个非常关键的决策:一是派出100多名员工到俄罗斯开拓市场;二是与俄罗斯建立合资企业。终于,在不断拓展市场的过程中,建立起了俄罗斯人对华为的了解和信任,从俄罗斯国家电信局获得了第一张订单。虽然这张订单只有38美元,却是华为国际贸易的第一单。后来,当俄罗斯经济"回暖"之际,华为搭上了俄罗斯政府新一轮采购计划的头班车。

第二年,华为在俄罗斯市场的销售额超过1亿美元。虽然俄罗斯市场前景严峻,但华为始终对俄罗斯加大投入。整整4年,华为没有一单新业务,但华为的务实和踏实,换来了客户的信任,最终赢利。如今,华为已成为俄罗斯电信市场的领导企业之一,与俄罗斯顶级运营商建立了紧密的合作关系。

很多公司在创业初期,总说占有多少市场、赢得多少利润、服务多少客户,却在实际行动中缺乏华为这样的低调、坚韧和务实。而华为,无论农村市场的小胜利,还是海外市场的大胜仗,每个阶段的目标都很明确,每一步都志在必得。

最后,和创业者分享华为创始人任正非说过的一段话:

当我们发起进攻的时候,我们发觉这个地方很难攻克,久攻不下时,可以把队伍调整到攻得下的地方去。

研讨主题:

结合华为抢占市场的案例,你认为开拓目标市场应该如何做?

第一节 评估并确定目标市场

【理论基础】

一旦迈出创业第一步,当务之急就是如何将自己的产品或服务尽快推向市场。如果产品或服务没有市场,企业就没有了生存的根基。特别是对于新创企业来说,在初创期一切都要从零开始,需要创业者自己去开拓并不断扩大目标市场。这就需要创业者找准自己的目标客户,以客户为中心,围绕市场需求做文章,准确地对产品或服务进行市场定位,实施恰当的市场策略,如此才能获得长远的发展。

市场是商品交换的场所,是某种商品需求的总和,是买主、卖主力量的集合,是商品流通的领域,是交换关系的总和。由此可知,市场不是简单的一个买卖交易的场所。如果创业者的产品或服务既没有人认可,也没有人买,即使创业者开设再多的店铺也无济于事。决定市场规模和容量的三要素为购买者、购买力、购买欲望。三者的关系如图4-1所示。

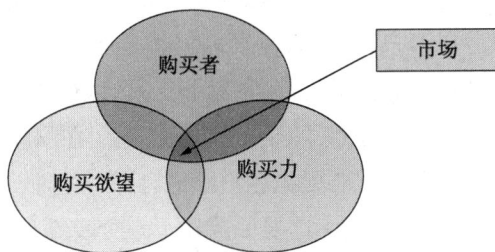

图4-1 市场三要素

具体而言,即使有很多的购买者,购买者有消费需求,但当这些购买者没有购买能力或没有购买欲望时,也形成不了该产品和服务的市场。可见,市场规模与购买者总数量、购买力和具有购买欲望的客户数息息相关。这说明,企业在开拓市场时,既要注意分析客户的需求,也要了解客户的购买支付能力,还要考虑认可创业者提供的产品或服务并愿意购买的客户数量有多少。

新创企业要明确自己的目标市场,要先弄清楚自己的客户是谁,客户的消费诉求或者痛点是什么,客户为何购买自己的产品或服务。

一、评估客户

(一)评估客户的意义

不同的营销理论有不同的导向,有的以客户为导向,有的以产品为导向。以客户为导向的营销理论十分重视客户需求的调研和评估。但实际上,不仅以客户为导向的营销理论重视客户评估,其他导向的营销理论同样重视。进行客户评估,对创业者把握市场非常重要。

1. 客户是企业生存的根本

"客户就是上帝",如果企业的产品或服务不能很好地满足客户的需求,他们就会购买或消费其他产品或服务,或者其他企业的产品或服务。因此,创业者必须同客户形成良好的互动关系,才有可能留住客户。创业者与客户要形成共赢的关系,才能使双方都获得满意的结果。在竞争激烈的今天,没有任何企业可以单独垄断一个行业或者市场,这意味着创业者的企业要与众多竞争者抢夺市场,这就需要在营销中以顾客为导向。

2. 客户是企业发展的宣传者

对企业产品或服务感到满意的客户会成为回头客,他们会向自己的朋友和其他人宣传企业,帮助形成良好的口碑。因此,让客户满意,往往会给企业带来更多的销售额和更高的利润。只有了解客户、评估客户、服务客户,才有可能掌握并满足客户不断变化的需求,进而让客户满意并使其为企业进行宣传,塑造企业的良好形象和品牌。

(二)确定目标客户

目标客户是指企业生产的产品或提供的服务所针对的对象,是产品或服务的直接购买者或使用者。面对众多的潜在客户,创业者需要精准描绘出目标客户的画像。客户画像是一种确定目标客户、分析客户诉求与设计方向的有效工具,以最为浅显和贴近生活的话语将客户的属性、行为与期待联结起来,通过了解他们是谁,他们在哪里,他们的共同特点,使产品的服务对象更加聚焦。创业者还需要根据客户画像有针对性地开展营销活动。

为确定企业的目标客户,创业者至少需要完成以下三个步骤:

(1)根据调研的结果对客户进行分类。

(2)描述每个客户群体的特点和范围,包括但不限于客户诉求、客户行为及消费习惯、客户期待等,形成不同群体的客户画像。

(3)选择一个或多个客户群体作为企业要进入的目标市场。

(三)客户画像信息收集要点

1. 信息收集要点

客户画像信息的收集要全面而具体,需要搞清楚"客户是谁,客户的消费诉求或者痛点是什么,客户为何购买企业的产品或服务……"这就是我们常说的6W2H:

W——Who：谁是客户，客户是哪一群体？是男人还是女人，是老人还是儿童？其他企业是否可能成为企业的潜在客户？

W——What：客户想要什么产品或服务？这些产品或服务的哪些方面最重要，是规格、颜色、质量，还是价格？

W——Why：客户为什么愿意购买这种产品或服务？

W——When：客户多长时间购物一次，每年、每月，还是每天？他们一般什么时间购买或消费，白天还是晚上？

W——Where：客户在哪儿？他们一般在什么地方购买和消费？

W——Whom：谁陪伴客户来购买或消费？

H——How：如何有效地将产品或服务提供给目标客户？

H——How much：客户愿意为产品或服务付出多少代价，或花多少钱购买或消费？

2. 客户画像注意事项

客户画像不是一成不变的，而是动态变化的，需要创业者具备敏锐的洞察力去动态收集。创业者要了解客户的倾向是什么，是更加注重品质，还是注重价格。同时，关注客户对所购买的产品或服务的消费价值观变化，并且要清楚这种变化反映的问题是什么，如是否反映出客户需求的产品与现实中所能买到的产品之间是有差距的。

描述客户画像需要关注客户的消费习惯。通常情况下，人们越是重复一种行为，形成的惯性就越强，那么改变这种行为的可能性就越小。

描述客户画像还要注意客户会出现犹豫不决的情况。客户有时希望马上拥有某产品或服务，但是在面对众多选择时，则会表现为犹豫不决。创业者要不断寻找自身产品或服务与其他同类竞争品牌相比的优势与劣势，不断分析竞争对手的薄弱环节，寻找机会点，使自己的产品或服务在某些方面优于竞争品牌。

（四）收集客户信息的方法

进行客户需求调查、收集客户信息可以采用以下几种基本方法：

（1）经验判断法——如果创业者对某行业很了解，可以凭自己的经验进行判断。

（2）观察法——创业者可以直接观察调查对象，收集相关信息。

（3）访谈法——创业者可以从业内人士那里了解本行业市场方面的有用信息。

（4）实验法——创业者可以用实验的方法将调查对象控制在特定的环境条件下，对其进行观察以获得相应的信息。

（5）问卷法——创业者可以通过设计调查问卷并让调查对象填写调查问卷的方式获得信息。信息时代，发动网络调查或许会更加高效。

（6）信息检索法——创业者可以利用互联网、大数据检索客户相关情况和数据。

二、评估创业者的竞争对手

（一）评估竞争对手的意义

有竞争才有发展，竞争是社会发展进步的主要动力之一。因此，创业的过程中，竞争是创业者必须面对的一个话题。用恰当的心态面对竞争，用正确的方法处理和竞争对手的关系，才能在激烈的竞争中获得一席之地。俗话说"同行是冤家"，但实际上，"同行共生共存"才是商业常态。因此，做市场调查分析，只评估客户情况是不够的，创业者还需要评估竞争对手的情况。通过了解、分析和掌握竞争对手的优势、特点和不足，从而更有针对性地制订企业的市场营销计划。

（二）确定竞争对手

市场上的产品和服务并不都是创业者的竞争品。只有那些与创业者的产品或服务类似，并且有共同或相近的市场，与创业者的企业存在利益冲突，且对创业者构成一定威胁的才是竞争品，这样的企业才是创业者企业的竞争对手。

从广义上讲，所有与创业者的企业争夺同一目标客户的企业都可视为创业者的竞争对手，但事实上只有那些有能力与创业者的企业抗衡的竞争者才是创业者真正的竞争对手。

因此，创业者可以从以下三个方面来确定竞争对手：

（1）与创业者的企业在同一区域或同一领域内。

（2）与创业者的企业有共同的目标客户群体。

（3）其经营对创业者的市场份额有一定的影响。

（三）收集竞争对手的有关信息

（1）竞争对手的供应商情况如何？

（2）竞争对手的产品或服务质量怎么样？

（3）竞争对手的价格如何？

（4）竞争对手的销售地点和销售渠道是怎样的？

（5）竞争对手销售策略是怎样的？

（6）竞争对手所占的市场份额是怎样的？

（7）竞争对手间的相同或相似之处有哪些？

（8）竞争对手间的不同之处有哪些？

（四）收集竞争对手信息的方法

收集竞争对手信息的方法与收集客户信息的方法相似，创业者可以根据竞争对手的情况参照使用。但请注意一点，不是所有的竞争对手都会欢迎创业者的调研交流，有的甚至会产生抵触，所以在收集竞争对手信息的时候需要注意方式方法，以免遇到"同行莫入、面斥不雅"的尴尬。

【思考练习】

练习 4-1 结合案例回答问题。

大学生陶立群的新天烘焙蛋糕店

绍兴市有多家新天烘焙蛋糕店,与其他蛋糕店有点不同,他们的店不仅宽敞明亮,而且装修摆设很有点休闲吧的味道。蛋糕店的创始人是浙江大学城市学院 2006 届毕业生陶立群。他毕业后自主创业,现在已拥有多家蛋糕连锁店和加工厂,成为绍兴市里小有名气的创业青年,曾被评为绍兴市"创业之星"。

2006 年 6 月,陶立群从浙江大学城市学院工商管理专业毕业时,就决定开个蛋糕店。他做出这个决定并不是盲目的。大学期间,他曾经经营过校内休闲吧、小餐厅,都做得不错。曾做过元祖蛋糕代理的他,对蛋糕市场有所了解,觉得能在这一行闯出一片天地。虽然父母极力反对,但陶立群认准了这条路,决意走下去。

2006 年夏天,他白天顶着烈日逛绍兴市区大大小小的蛋糕店,看门道、想问题,晚上则躲在房间里查资料,了解市场行情。他还跑到杭州、上海等大城市做蛋糕市场的调查,搞可行性分析。陶立群的调查有不小的收获:绍兴当时只有亚都、元祖两家知名品牌蛋糕店,其余的都是本地小蛋糕店,中高档品牌蛋糕市场相对空缺,而且当时绍兴还没有一家蛋糕店的糕点是现烤现卖的。于是陶立群把创业梦想定位在打造本地中高档蛋糕品牌上。

两个多月后,当满满 9 页的"新天烘焙蛋糕店可行性策划书"放在父母面前时,陶立群的父母被感动了,他们拿出积蓄支持儿子创业。2006 年年底,第一家新天烘焙蛋糕店在绍兴市新建北路 5 号正式开张,陶立群做起了小老板。他将店面分成两部分,前半部分是自选式的透明橱窗,便于客户自行挑选,后半部分则用来加工糕点,现做现卖。

起早摸黑,对在创业之初的陶立群来说是常事。为节约成本,采购、运货等工作陶立群都自己一个人做。优质的用料、独特的口味、有人情味的服务,赢得了消费者的喜爱。2007 年 5 月、10 月,陶立群先后开出第二、第三家连锁店。随后又有多家新天烘焙店在绍兴市区开张。在鲁迅故里做讲解员的曹圣燕是新天烘焙店的忠实客户,她说,"新天"不仅布置得有情调,并且糕点的品种多、口味好,所以经常买。

谈及今后的打算时,陶立群说,他下一步要在蛋糕店的团队建设上下功夫,并且要不断改善店里的蛋糕品种以及销售服务,打响"新天"品牌,力争开出更多的连锁蛋糕店。

传统观念认为,对于知识层次高、有一定专业知识的大学生来说,创业理应是在高知识、高科技领域上的。更有不少大学生一提到创业就好高骛远,丝毫没有想到应该往"小而细"的方面去努力创业。

但目前来说,这一观念显然早已落伍。在目前大学生与社会实践脱节现象比较严重而大学生的创业资金又不够的情况下,来自"传统行业"的"新创意"式的创业,是更值得肯定和学习的。比如，复旦大学计算机本科毕业的顾澄勇，在任何人都会的"卖鸡蛋"上，也卖出了"新创意"，他成功开发出"阿强"鸡蛋的网上身份查询系统，满足了大家对新鲜鸡蛋的需求；与此同时，打造鸡蛋品牌，推出营养较高的"头窝鸡蛋"……开拓了一片创业新天地。

结合上述案例，你认为陶立群的蛋糕店项目在评估目标市场上做了哪些工作？并制订创业者评估目标市场的计划。

1. 蛋糕店项目陶立群在评估目标市场所做的工作有：

2. 创业项目评估目标市场的计划概要如下：

第二节 营销组合策略

【理论基础】

以前我们可能会说"酒香不怕巷子深",但今天,太多的好产品因为没有好的销路而黯然退场。虽然几乎所有的创业者都能意识到坐等客户上门是行不通的,只有靠企业充分利用各种要素,创造一定条件,才能达到吸引客户的目的,但仍有不少创业者不知如何打开销路。市场上进行营销的理论工具有很多,其中比较经典的有两个,即 4P 营销理论和 4C 营销理论。

一、4P 营销理论

4P 营销理论是从企业的产品(Product)、价格(Price)、地点(Place)、促销(Promotion)四个基本方面的组合入手,形成市场营销组合策略,这四个关键词的英文第一个字母都是"P",所以也称为"4P 营销理论"。

(一)产品

创业者要建立产品的整体概念,也就是说,不要把产品只看作具有某种特定物质形状和用途的物品,而是要看成能够满足客户某种需求和欲望的物品的总和,它包含核心产品、有形产品、附加产品三个层次。

(1)核心产品——客户购买某种产品时所追求的利益。例如,客户购买空调是为了制冷或制热,买汽车是为了交通方便等。

(2)有形产品——指向市场提供的产品或服务的形象。通常包括品质、式样、特征、商标和包装等。如有些人买空调要白色的,而有些人喜欢金色的;有些人买车要 SUV(运动型多用途汽车),有些人买车要 MPV(多用途汽车)等。

(3)附加产品——指客户购买产品或服务时附带获得的各种利益的总和,包括产品说明书、产品质保书、安装服务、维修服务、送货服务、技术培训等。如"好空调、格力造"的广告词深入人心,很多客户买空调,同等条件下格力可能会被优先选择;又如 BBA(奔驰、宝马、奥迪)受到市场热捧,其附加产品功不可没。

企业经营者应该认识到,一种产品的生命是有限的,一般新产品会经历投放、成长、成熟、衰退等阶段,选择或开发新的替代产品也是企业经营中要预先计划的工作。同时要注意的是,新产品的开发往往会有较大的风险,对目标客户和竞争对手进行深入的评估,才能开发出有竞争力的产品或服务。

（二）价格

企业如何定价直接关系着市场对产品或服务的接受程度,影响着市场需求和企业的利润。为了使目标客户能接受自己所提供的产品或服务,新创企业要十分重视产品或服务的定价。

定价一定要尽量符合行业规范。对刚上市的新产品或服务也可考虑先制订高价格,直到需求趋于饱和后,再逐渐降低价格。开始就制订高价格对新创企业来说有一定风险性。如果价格和收益明显过高,那么,实力雄厚的竞争对手就会不请自来,与新创企业抢市场。

在制订产品或服务的价格时,企业必须了解以下三个情况:

（1）自己产品或服务的成本(后面相关章节会具体计算,此处仅做了解)。

（2）客户愿意承受的价格,或者客户的心理价位。

（3）竞争对手同类产品或服务的价格。

无论如何,产品或服务的价格不能低于成本,最高不能突破客户的心理价位(当然也包括客户的支付能力),同时要参照竞争对手的价格。

（三）地点

地点是指创业项目实施的地方。如果创业者计划开办一家零售店或服务企业,那么地点对创业者来说就非常重要,创业者必须把它设在客户量大且距离客户较近的地方,这样便于客户光顾;如果创业者的竞争对手离客户较近,一般来说,客户就不会跑很远的路来创业者的店。而对于制造商来说,企业的位置离客户远近就显得不太重要,最重要的可能是企业获得生产所需的原材料是否便捷,生产出来的产品是否方便运输出去。

此外,选址时创业者还要考虑产品的分销方式。

分销方式是指采用什么样的方式让客户方便地得到创业者的产品。一般来说有以下几种方式:

（1）直销——指制造商直接把产品销售到客户手中,减少了中间环节。这种情况下创业者的地点选择一定要离客户很近,或方便客户购买。

（2）零售——指制造商把产品卖给零售商,零售商再把产品卖给客户。这种情况下零售商的地点选择要方便客户,而制造商的地点选择要考虑方便零售商。

（3）批发——制造商以追求销量为目标,把大量产品批发给批发商,批发商又将产品转卖给零售商,零售商再把产品卖给客户。这种情况下零售商的地点选择要方便客户,批发商的地点选择要方便零售商,而制造商则要考虑批发商。

综上所述,无论哪一种分销方式,创业者都需要有"客户思维",方便客户选择是创业者需要优先思考的问题。

（四）促销

促销是指企业通过一定的方法和方式,向消费者或客户传递产品信息,引起他们的注意和兴趣,激发他们的购买欲望和购买行为,以达到扩大销售从而收获更大利润的目的。

1. 常见的促销形式

促销的形式多种多样,以下几种形式在我们的生活中就非常常见:

(1)广告。向创业者的客户提供产品或服务信息,让他们有兴趣购买创业者的产品或服务。如超市在节假日前印发宣传单,利用一些特价产品吸引客户进店消费。

(2)人员推销。销售人员主动出击,向购买者直接推销。保险行业地推人员经常采取这种促销方式。

(3)营业推广。当客户来到创业者的企业或以其他方式与创业者接触时,创业者要想方设法地让他们购买创业者的产品或服务。营业推广种类很多,如现场活动、有奖销售、附送样品、赠送礼品等。通过营业推广,创业者最好能争取与客户建立持久的关系,而不是只做一次性买卖。很多的超市和大型卖场在节假日的时候便经常使用这种促销方式。

(4)公关活动。公关活动是指企业为改善与社会公众的关系,加深公众对企业的认识、理解及支持,树立良好的企业形象,促进商品销售而进行的一系列促销活动。企业的公关活动主要有宣传类活动、交际类活动、赞助类活动、服务类活动、科普类活动、公关特别节目等。如很多企业会做公益,有时也会为一些娱乐活动提供赞助以提升企业形象和知名度。

2. 促销人员的要求

无论再好的产品或服务,只有销售给客户才能实现其商业价值,为企业带来利润。而在促销过程中,尤其是人员推销过程中,推销人员的销售能力就显得尤为重要。真正优秀的推销人员,至少要具备以下素质:

(1)良好的心理素质:招聘推销员,寻找一个"乐天派"远比寻找一个"聪明人"更重要。

(2)敏锐的洞察力:在销售过程中,推销人员应学会从对方的用词、语气、动作和神态中去感受对方的心理。

(3)富有可信度的外在形象:凡看上去就显得过于精明的人,是不适合做推销人员的。

(4)知识广博:要懂得产品、市场、企业等各个方面的知识。

(5)文明礼貌,善于表达:创业者推销产品也是在推销自己,每一个客户都希望被善待,也希望购买的不是一件单纯冰冷的产品。

二、4C 营销理论

4C 营销理论是从企业的客户(Customer)、成本(Cost)、便利(Convenience)和沟通(Communication)四个基本方面的组合入手,形成市场营销组合策略,这四个关键词的英文第一个字母都是"C",所以也称为"4C 营销理论",如图 4-2 所示。

(一)4C 简介

1. 客户

客户主要指客户的需求。企业必须先了解和研究客户,根据客户的需求来提供产品。同时,企业提供的不仅仅是产品和服务,更重要的是由此产生的客户价值(Customer Value)。

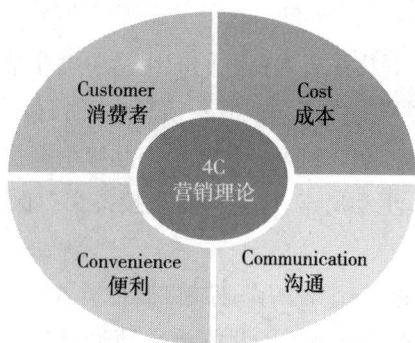

图 4-2　4C 营销理论

2. 成本

成本不单是企业的生产成本,或者说 4P 中的价格,它还包括客户的购买成本,同时也意味着产品定价的理想情况,应该是既低于客户的心理价格,也能够让企业有所赢利。此外,这中间的客户购买成本不仅包括货币支出,还包括其为此耗费的时间、体力和精力消耗,以及购买风险。

3. 便利

便利,即所谓为客户提供最大的购物和使用便利。4C 营销理论强调企业在制订分销策略时,要更多地考虑客户的方便,而不是企业自己方便。要通过好的售前、售中和售后服务让客户在购物的同时也享受到便利。

4. 沟通

沟通被用以取代 4P 中对应的促销。4C 营销理论认为,企业应通过同客户进行积极有效的双向沟通,建立基于共同利益的新型企业/客户关系。这不再是企业单向地促销和劝导客户,而是在双方的沟通中找到能同时实现各自目标的途径。

(二)4C 营销理论的要求

1. 瞄准客户需求

只有探究到客户真正的需求,并据此进行规划设计,才能确保项目的最终成功。由于客户的生活经历、受教育程度、工作性质、家庭结构、个人审美情趣各不相同,每个人对商品品质需求的侧重点也不相同,因此要了解并满足客户的需求并非易事。4C 理论认为,了解并满足客户的需求不能仅表现在一时一处的热情,而应始终贯穿产品开发的全过程。

2. 考虑客户愿意支付的成本

客户为满足其需求愿意支付的成本包括:客户因投资而必须承受的心理压力以及为化解或降低风险而耗费的时间、精力、金钱等诸多方面。

3. 为客户提供便利

咨询、销售人员是与客户接触、沟通的一线主力,他们的服务心态、知识素养、信息掌握量、语言交流水平,对客户的购买决策都有着重要影响,因此这批人要最大可能地为消费者提供方便。

4.注意与客户沟通

营销大战在很大程度上就是广告大战,广告与沟通的差别不只是说法不同,还有着创作思维上的本质区别。仔细审视各种广告就会发现,它们大多面貌相似,模式化、定式化趋势非常明显。不仅是广告文案、创意表现大同小异,就连报纸上的广告发布版面、日期选择都高度雷同。众所周知,广告的天职是创新,是树立个性,广告面貌雷同的必然结果是广告质量的低劣。造成这一现象的原因是厂商们都以 4P 模式为出发点,广告创作的基础仍是对项目的简单认识和创作人员的瞬间灵感,而不是对目标消费者的了解和对消费者心理的深刻洞察。

【思考练习】

练习4-2　结合案例《华为早期抢占市场的三个真实故事》和今天华为的实际情况,分析华为不同时期的营销组合策略。

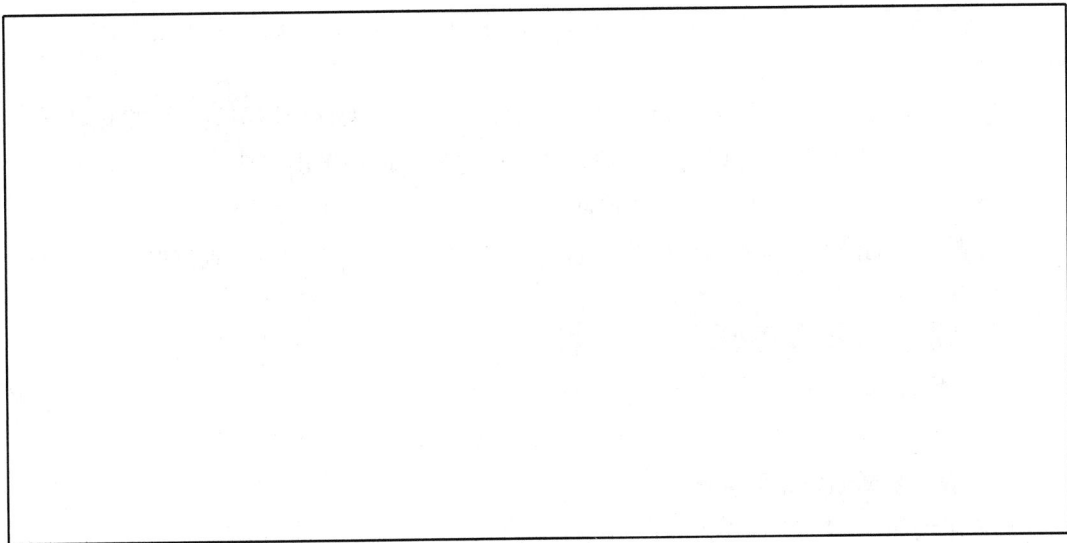

第三节　销售量预测

【理论基础】

预测销售量是指对未来特定时间内,全部产品或特定产品的销售数量与销售金额进行估计。销售预测是在充分考虑未来各种影响因素的基础上,结合本企业的销售实绩,通过一定的分析方法提出切实可行的销售目标的行为。因此,预测销售量是预测销售收入和编制创业计划书的基础,也是最重要、最困难的内容。在做预测销售量的过程中,我们要充分利用各种方法科学地预测,而非猜想或走到哪里算哪里。过度的乐观可能让我们产生"烂尾"创业项目,而过度的悲观又有可能让我们裹足不前。

一、预测销售量的方法

预测销售量的方法主要有以下几种:

(1)经验预测法——创业者可能在同类企业中工作过,甚至在创业者竞争对手的企业中工作过,对市场有所了解,因此创业者可以利用这方面的知识来预测销售量。这种预测方法比较适合有经验的创业者。

(2)类比预测法——创业者将自己的企业资源、技术和市场营销计划与竞争对手加以比较,基于他们的水平来预测创业者的销售量。这种预测方法需要对竞争对手做充分的评估。

(3)试销预测法——少量试销创业者的产品或服务,看看销量有多少。这种方法对制造商和专业零售商很有效,但不适合有大量库存的企业,尤其不适合试错成本过大的产品或服务。

(4)订单预测法——创业者可以通过所获得的订单数量来预测销售量。如果创业者的企业客户不多,那么创业者可以采用这种方法。这种方法适用于出口商、批发商或制造商,如在国际武器交易方面,这种预测方法很常用。

(5)调查预测法——调查访问那些可能成为创业者客户的人,通过调查数据预测销量。

二、预测销售量的基本步骤

尽管销售预测十分重要,但进行高质量的销售预测并非易事。在进行预测和选择预测方法之前,了解对销售预测产生影响的各种因素非常重要。

(一)预测销售量常见的影响因素

1. 需求动向

需求是影响因素之中最重要的一项,如流行趋势、爱好变化、生活形态变化、人口流动等,均可成为产品(或服务)需求的质与量方面的影响因素。因此,必须加以分析与预测。企业应尽量收集有关对象的市场资料、市场调查机构资料、购买动机调查等统计资料,以掌握市场的需求动向。

2. 经济变动

销售收入深受经济变动的影响,经济因素是影响商品销售的重要因素,为了提高销售预测的准确性,应特别关注商品市场中的供应和需求情况。尤其近几年来科技、信息快速发展,导致企业销售收入波动,更带来无法预测的影响。因此,为了正确预测,需特别注意资源问题的未来发展、政府及财经界对经济政策的见解以及基础工业、加工业生产、经济增长率等指标变动情况,尤其要关注突发事件对经济的影响。

3. 同业竞争动向

销售额的高低深受同业竞争者的影响,古人云"知己知彼,百战不殆"。为了生存,必须掌握对手的市场动向。例如,竞争对手的目标市场在哪里、产品价格高低、促销与服务措施等。

4. 政府、消费者团体的动向

考虑政府的各种经济政策、方案措施以及消费者团体所提出的各种要求等。

(二)基本步骤

为方便叙述预测销售量的基本步骤,本手册以年度(连续 12 个月)为周期进行预测。

(1)采用多种预测销售量的方法,预测 12 个月的销售总量。

(2)根据销售总量,计算各月的平均销售量。

(3)考虑各种因素(营销计划、市场容量、销售淡旺季、企业知名度等)并做出适当的调整。

(4)最终确定每月销售量和销售总量。

【思考练习】

练习4-3 帮助老王预测"便民小超市"的商品销售量。

老王生活在一个成熟的社区,退休后闲不住的他准备在小区里开一个"便民小超市",出售香烟、洗衣粉、啤酒等商品。他知道小区里还有其他两家小超市也在出售类似的商品,于是他先观察了一下他们,并把观察到的情况记录如下,见表 4-1 和表 4-2。

表 4-1 甲竞争者的销售情况

竞争者:甲

商品	第1天	第2天	第3天		天平均	每月平均
香烟/包	8	9	7			240
洗衣粉/袋	10	10	11			300
啤酒/瓶	10	10	10			300

表 4-2 乙竞争者的销售情况

竞争者:乙

商品	第1天	第2天	第3天	第4天	每天平均	每月平均
香烟/包	15	17	16	16	16	480
洗衣粉/袋	15	15	16	14	15	450
啤酒/瓶	20	21	19	20	20	600

　　老王将打算开办的"便民小超市"和竞争者甲、乙对比，并与朋友进行综合评估。老王预测，第一年，自己的店应该比竞争者甲要好，但是可能不如竞争者乙。他知道自己的店经营3个月可以发展到竞争者甲的水平。

　　请逐月为老王的"便民小超市"做12个月的销售量预测，见表4-3。

表4-3　销售量预测

商　　品	1月	2月	3月	4月	5月	6月	7月	8月	9月	10月	11月	12月	合计
香烟/包													
洗衣粉/袋													
啤酒/瓶													

第四节　商业模式的设计与创新

【理论基础】

一、商业模式的定义

　　目前还没有一个统一的关于商业模式的定义，但人们对商业模式本质的理解基本上是一致的，那就是：商业模式的核心在于解决企业建立"做什么和怎么做"的运作体系问题。举个最简单的例子：饮料公司通过卖饮料来赚钱，快递公司通过送快递来赚钱，超市通过平台和仓储来赚钱等。一般来说，只要有赚钱的地方，就有商业模式的存在。

　　目前普遍接受的商业模式的定义是：企业利用自己掌控的资源，进行价值创造并取得经济回报的基本逻辑，即企业在一定的价值链或价值网络中如何使用资源、如何向客户提供产品或服务并获取利润。

二、商业模式的构成

　　商业模式的构成要素很多，但以下几个方面是所有的商业模式都必须思考的问题：

　　（1）目标客户与解决痛点——新企业提供的产品或服务能为客户解决特定的问题。

　　"滴滴出行"相信大家并不陌生，它改变了传统打车方式，引领移动互联网时代下客户现代化出行方式。较传统电话召车与路边招车来说，滴滴打车的诞生更是改变了传统打车市场格局，颠覆了路边拦车概念，利用移动互联网特点，将线上与线下相融合，从线上打车到下车后使用线上支付车费，画出一个乘客与司机紧密相连的O2O闭环，最大限度地优化乘客打车体验,改变传统出租司机等客方式,让司机师傅根据乘客目的地按意愿"接单",节约司机与乘客沟通成本,降低空驶率,最大化节省司乘双方资源与时间,解决了乘客、司机以及相应的社会闲置资源浪费等问题。

(2)核心竞争力——价值创造、优势资源、核心能力、差异化、核心人才、团队、竞争优势持久性等。

2014年5月,京东上市,是中国发展速度最快的综合电子商务公司。京东在电商中突围,靠的是"全品类、自建物流、技术驱动、客户体验"等四大核心竞争力。在竞争对手致力于寻找物流同盟时,京东勤勤恳恳地自建物流。经过多年建设,京东物流已覆盖全国大部分城市,在数百个城市实现了当日送达和次日送达。京东前CPO蓝烨曾表示,目前真正实现仓储配送一体化的,在中国只有京东。自建物流让京东在风起云涌的电商大战中立于不败之地,无疑是京东最重要的战略资产之一。

(3)盈利模式——包括成本、收入来源、价值创造的具体实现形式。一些常见的做法包括:生产产品、提供服务、解决问题、构建平台等。

腾讯如今是互联网的巨头之一。QQ最早时期和以色列的一款软件QICQ比较类似,腾讯QQ早期并没有什么吸引力,大家对它也并不感兴趣,一度到了濒临破产的地步。当时马化腾做了一个十分伟大的决定,免费让客户下载使用。也许这一举动在现在看来没什么,但是,当时网络公司全部都是依靠卖软件存活的,这举动一出,引起了社会的巨大关注。腾讯QQ因此大受欢迎。就这样,腾讯的客户逐渐多了起来,逐步发展成为今天的多元盈利模式。

当然,商业模式的构成要素还有其他因素,此处不一一列举,或许商业模式画布会更清楚地呈现,如图4-3所示。

图4-3　商业模式画布

三、常见商业模式设计与创新的方向

当今迅猛发展的商业社会,不同的商业模式层出不穷,以下几种方向可以借鉴。

(一)免费模式抢占市场

这里所说的免费,不是说要放弃对利润的追求,而是在追求利润的方式上进行调整。如胖东来作为一家普通民营零售企业,在河南省新乡市,它的光芒一度让家乐福、沃尔玛等国际巨头黯然失色。上海连锁经营研究所所长顾国建、中国连锁协会会长郭戈平参观完胖东来盛赞道:"这绝对是中国最好的店。"1999 年 10 月 1 日,胖东来入驻河南省新乡市,停车场对自行车、电动车、机动车实行免费政策。要知道,当时新乡市所有商场停自行车都要收费,汽车更不必说。如此政策一出,胖东来的客户爆棚,以至于到今天,它都是当地最为热闹的购物商场。当然,这也和胖东来极致的服务息息相关。

(二)强调客户体验

今天的客户有能力有意愿为更好的体验买单。以国内餐饮业的火锅为例,海底捞的味道是不是最好,装修是不是最豪华,我们暂且不去讨论,但海底捞的生意确实在同行业中最为火爆。

(三)共享模式

随着社会的发展,社会上存在着一些闲置资源,如何更好地发挥这一类资源的价值,成为一些创业者追逐的方向。如滴滴出行、共享单车等,都是共享经济的产物。

2017 年 5 月,来自"一带一路"沿线的 20 国青年评选出了中国的"新四大发明":高铁、扫码支付、共享单车和网购。"共享经济"的影响力可见一斑。

【思考练习】

练习 4-4　结合本节所学,为滴滴出行或京东商城画一份商业画布。

【本章小结】

通过本章的学习,我们认识到了评估客户和竞争对手的意义和方法,在此基础上,学习并掌握了4P,4C 两个营销组合策略。同时,我们学习了预测销售量的方法和步骤,虽然预测销售量非常困难,但这是必需的步骤,因为这是开拓目标市场的重要参考依据,甚至对创业项目的启动都有举足轻重的意义。

近年来,随着互联网经济的飞速发展,各种各样的商业模式层出不穷,好的商业模式将极大地促进创业项目的成功,所以,创业者需要设计好自己创业项目的商业模式。

【课后实践】

设计自己的营销组合策略,并预测未来一年的销售量(表4-4)。

表4-4　销售量预测

商品或服务	1 月	2 月	3 月	4 月	5 月	6 月	7 月	8 月	9 月	10 月	11 月	12 月	合计

第五章 组建创业团队

"没有完美的个人,只有完美的团队"。通过前面章节的学习和实践,我们已经找到了合适的创业项目,但是能不能运作得好呢? 创业者个人能力是有限的,虽然我们的综合创业能力可以提升,但有些情况下组建自己的创业团队,形成优势互补的团队进行创业活动会是更好的选择。

为了进一步推进我们的创业活动,创业者需要为企业制订人员计划,组织企业人员去实现生产销售计划。为使初创企业顺利而成功地运行起来,创业者必须明确企业的目标,制订合理的计划,有效地组织人员,实现高效生产。为此,创业者必须组建一支具备知识、技能并且团结的创业团队。

【学习目标】

1. 了解创业团队的组成,尤其是合伙人和企业顾问的相关知识;
2. 学习企业组织结构相关知识并为自己的企业设计组织结构;
3. 学习员工选用育留方面的相关知识,组建并逐步完善自己的创业团队。

【案例导读】

俞敏洪的创业团队

俞敏洪,1962 年 10 月出生于江苏江阴,1980 年考入北京大学西语系,毕业后留校担任北京大学外语系教师,1991 年 9 月,俞敏洪从北京大学辞职,开始自己的创业生涯。

1993 年,俞敏洪创办了新东方培训学校。创业伊始,俞敏洪单枪匹马,仅有一个不足 10 平方米的漏风的办公室。零下十几摄氏度的天气,还要自己拎着糨糊桶到大街上张贴广告,招揽学员。

"任何事情都是你不断努力去做的结果,当你碰到困难的时候,不要把它想象成不可克服的困难,在这个世界上没有任何困难是不可克服的,只要你勇于去克服它!"正是凭借着这种不怕困难,勇于克服困难的精神,新东方不断发展壮大,俞敏洪还把"从绝望中寻找希望"作为新东方的校训。

1994 年,俞敏洪已经投入 20 多万元,新东方有了几千名学员,在北京也成了一块响亮的牌子,他看到了一个巨大而诱人的教育市场。俞敏洪喜欢教书,他曾经说过:"我这辈子什么都可以离开,就是不可以离开讲台。"对教师职业的热爱和新东方的发展壮大,让他决定不仅要做一个教师,一个校长,还要做一个教育家。

一、聚集人才

在新东方创办之前,北京已经有三四所同类学校,参加新东方培训的多是以出国留学为目的。新东方能做到的,其他学校也能做到。就当时的大环境而言,随着出国热,以及人们在工作、学习、晋升等方面对英语的多样化要求,国内掀起了学习英语的热潮,越来越多的优秀教师加入英语培训这个行业。如何先人一步,取得自己的竞争优势,把新东方做大做强,俞敏洪认识到英语培训行业必须要具备一流的师资。

培训学校普遍做不大是有原因的,由于对个别讲师过分倚重,每个讲师都可以开一个公司,但是每个公司都做得不大。所以,俞敏洪需要找到更多的合作伙伴,帮他控制住英语培训各个环节的质量。而这样的人,不仅要有过硬的专业知识和能力,更要和俞敏洪本人有共同的办学理念。他首先想到的是远在美国的王强、加拿大的徐小平等人,实际上这也是俞敏洪思考了很久所做的决定——这些人不仅符合业务扩展的要求,更重要的是这些人作为自己在北大时期的同学、好友,在思维上有着一定的共性,肯定比其他人能更好地理解并认同自己的办学理念,合作也会更坚固和长久。

这时他遇到了一个和他有着共同梦想的惺惺相惜的朋友——杜子华。杜子华像一个漂泊的游侠,研究生毕业后游历了美国、法国和加拿大,凭着对外语的透彻领悟和灵活运用,在国外结交了许多朋友,也得到了不少让人羡慕的机会。但是他在国外待的时间越久,接触的人越多,就越是感觉到民族素质提高的重要和迫切。要提高一个人、一个民族的素质唯有投资教育。

1994年在北京做培训的杜子华接到了俞敏洪的电话,几天后,两个同样钟爱教育并有着共同梦想的"教育家"会面了。谈话中,俞敏洪讲述了新东方的创业和发展、未来的构想、自己的理想、对人才的渴望……这次会面改变了杜子华单打独斗实现教育梦想的生活,杜子华决定在新东方实现自己的追求和梦想。

1995年,俞敏洪来到加拿大温哥华,找到曾在北大共事的朋友徐小平。这时的徐小平已经来到温哥华10年之久,生活稳定而富足。俞敏洪不经意地讲述自己创办新东方的经历,文雅而富有激情的徐小平突然激动起来:"敏洪,你真是创造了一个奇迹啊!就冲你那1 000人的大课堂,我也要回国做点事!"

随后,俞敏洪又来到美国,找到当时已经进入贝尔实验室工作的同学王强。1990年,王强凭借自己的教育背景,3年就拿下了计算机硕士学位,并成功进入著名的贝尔实验室,可以说是留学生中成功的典型。白天王强陪着俞敏洪参观普林斯顿大学,让他震惊的是,只要碰上一个黑头发的中国留学生,竟都会向俞敏洪叫一声"俞老师",这里可是世界著名的大学啊。王强后来谈到这件事时说自己当时很震惊,受到了很大的刺激,俞敏洪说,你不妨回来吧,回国做点自己想做的事情。

就这样,徐小平和王强都站在了新东方的讲台上。1997年,俞敏洪的另一个同学包凡一也从加拿大赶回来加入了新东方,新东方就像一个磁场,凝聚起一个个年轻的梦想,这群在不同土地上为了求学,洗过盘子、贴过广告、做过推销、当过保姆的年轻人,终于找到一个突破口,年轻人身上积蓄的需要爆发的能量在新东方得到了充分释放。

就这样,从1994年到2000年,杜子华、徐小平、王强、胡敏、包凡一、何庆权、钱永强、江博、周成刚等人陆续被俞敏洪网罗到了新东方的门下。

二、构建团队

作为教育行业,师资构成了新东方的核心竞争力,但是如何让这支高精尖的队伍,最大限度地发挥作用,俞敏洪从学员需求出发,秉持着一种"比别人多做一点,比别人做得好一点"的朴素的创新思维,合理架构自己的团队,寻找和抓住英语培训市场上别人不能提供或者忽略的服务,使新东方的业务体系得以不断完善。

比如,当时新东方就开辟了一块由一个加拿大人主持的出国咨询业务,学员可以就近咨询,获得包括基本申请步骤、各个国家对待留学生的区别、各个大学颁发奖学金的流程和决策有何不同、读研究生和读博士生的区别在什么地方等必要知识。

1995年,俞敏洪逐渐意识到,学生们对于英语培训的需求已经不只限于出国考试。比如,1995年加入新东方的胡敏就应这种需求,开发出了雅思英语考试培训,大受欢迎,胡敏本人也因此被称为"胡雅思"。

徐小平、王强、包凡一、钱永强等人分别在出国咨询、基础英语、出版、网络等领域各尽所能,为新东方搭起了一条顺畅的产品链。徐小平开设的"美国签证哲学"课,把出国留学过程中一个大家关心的重要程序问题,上升到一种人生哲学的高度,让学员在会心大笑中思路大开;王强开创的"美语思维"训练法,突破了一对一的口语训练模式;杜子华的"电影视听培训法"已经成为国内外语教学培训中极有影响力的教学方法……新东方的老师很多都根据自己教学中的经验和心得著书立说,并形成了自身独有的特色,让新东方成为一个有思想、有创造力的地方。

俞敏洪的成功之处是为新东方组建了一支年轻而又充满激情和智慧的团队,俞敏洪的温厚,王强的爽直,徐小平的激情,杜子华的洒脱,包凡一的稳重,五个人的鲜明个性让新东方总是处在一种不甘平庸的氛围当中。

谈到团队的组建,《西游记》中由唐僧率领的取经团队被公认为是一支"黄金组合"的创业团队。四个人的性格各不相同,却又有着各自不可替代的优势。比如说,唐僧慈悲为怀,使命感很强,有组织设计能力,注重行为规范和工作标准,所以他担任团队的主管,是团队的核心;孙悟空武功高强,是取经路上的先行者,能迅速理解、完成任务,是团队业务骨干和铁腕人物;猪八戒看似实力不强,又好吃懒做,但是他善于活跃工作气氛,使取经之旅不至于太沉闷;沙僧勤恳、踏实,平时默默无闻,关键时刻他能稳如泰山、稳定局面。

新东方的创业团队就有些类似于唐僧的取经团队。徐小平曾是俞敏洪在北大时的老师,王强、包凡一同是俞敏洪北京大学西语系 80 级的同班同学,王强是班长,包凡一是大学时代睡在俞敏洪上铺的兄弟。这些人个个都是能人、牛人。所以,新东方最初的创业成员,个个都是"孙悟空",每个人都很有才华,而个性却都很独立。俞敏洪曾坦承:论学问,王强出自书香门第,家里藏书超过 5 万册;论思想,包凡一擅长冷笑话;论特长,徐小平梦想用他沙哑的嗓音做校园民谣,他们都比我厉害。

俞敏洪敢于选择这帮牛人作为创业伙伴,并且真的在一起做成了大事,成就了一个新东方传奇,从这一点来说,他是一个成功的创业团队领导者。他知道新东方人多是性情中人,从来不掩饰自己的情绪,也不愿迎合他人的想法,打交道都是直来直去,有话直说。因此,新东方形成了一种批判和宽容相结合的文化氛围,批判使新东方人敢于互相指责,纠正错误;宽容使新东方人在批判之后能够互相谅解,互相合作。这就是新东方人的特点:大家互相之间不记仇,不记恨,只计较到底谁对谁错,谁公正。

这种源自北大精神的自由文化,是俞敏洪敢用"孙悟空",而且是多个"孙悟空"的前提条件,这是新东方成功的关键因素之一。而另一个关键因素就是俞敏洪本人所具备的包容性,帮助他带领着一帮比他厉害的"牛人",不仅将新东方从小做大,还完成了让局外人都为之捏了一把汗的股权改制。最令人意想不到的是,俞敏洪居然还将新东方带到了美国的资本市场,成为中国第一个在海外成功上市的民营教育机构。这一份成绩虽然还不能定义为最终的胜利,但是仍然有着非同寻常的意义,即它告诉了人们,对于中国教育来说,一切价值正有待重估。

研讨主题:

结合俞敏洪创业的案例,你认为在成功创业的道路上,需要什么样的合伙人,怎样选择合伙人呢?

第一节　合伙人

【理论基础】

一、合伙人的重要性

社会进入高速发展的时代,创业不再是单打独斗的英雄式行为。创业初期,创业者就需要考虑创业团队的问题,这里面一个重要的角色就是合伙人。合伙人之间共享收益,共担风险。选择适合的合伙人有利于创业者整合资源,促进企业发展。

要管理好一个合伙制企业,合伙人之间的交流一定要透明和诚恳。合伙人之间意见不一致往往导致企业的失败。因此,有必要准备一份书面合作协议,明文规定各自的责任和义务。

二、合伙人选择原则

(一)需求互补原则

在什么情况下找合伙人呢? 在缺乏相应条件和资源的情况下才需要合伙人。比如缺少资金、缺少技术或技能、没有营销能力或渠道、缺乏管理能力等。创业者不能为合伙而寻找合伙人,合伙人之间的才干、性格要能互补。所以,合伙人之间应互为正能量,能够相互补充,尤其是尽量不要选择优势重叠的合伙人:一是因为容易产生资源上的浪费与重叠;二是很容易在同一专业领域引起分歧。

(二)诚信透明原则

合伙人之间无法形成统一的决策往往会导致企业经营失败。因此,合伙人之间的交流一定要透明和诚信,在决定合作前,应签订股份合作协议或合伙协议。

要清楚合伙人的资金设备来源、实际技能、管理能力等方面的真实情况,审查合伙人的过去(实际经历、有无不良记录),调查合伙人生活形态(家庭情况及个人生活习惯)。

(三)专业激情原则

在创业发展决策中,专业的事需要由专业的人来做,这是很多成功创业的企业稳步扩张、步步为营的重要支撑因素。如果缺少开放的理念,缺少对专业性的尊重,每个人都可能成为团队的能力瓶颈,特别是带队人的能力瓶颈会成为整个企业发展的天花板。

创始团队成员需要满怀激情。在大多数人都具备专业能力的情况下,激情就显得无比重要。在到处是红海市场的今天,想要成功离不开商业模式和资金,如果没有创业激情,很难吸引到有实力的人才聚在一起在风险中创造一个未来。

三、合伙人注意事项

对于创业者来说,现在不是能够单打独斗的年代,团队在创业中非常重要。在创业初期选择创业合伙人的时候,就要有一个开放而坚毅的心态,正确面对合伙过程中可能出现的问题并有针对性地解决。

(一)理念上要同步

寻找创业合伙人首先要保证的就是大家理念上要保持一致,如果创业还没开始,内部先有分歧,那就没有继续走下去的理由了。当然还有一点比较重要的是不要一开始就想着失败,尤其不要用传统的理念"只能共苦、不能共甘""天下没有不散的宴席"等来支配自己的思想。既然选择了创业,合伙人就要保持理念上的同步。

(二)不断地沟通

对于创业团队来说,沟通是必不可少的。遇到问题时要沟通,有矛盾时更要沟通。另外,对于团队成员来说,有不同的看法,自然是要说出来的,但是不要在公开场合辩论。同样对于创业者来说,不要把矛盾展示给下属。

(三)就事论事

有问题就解决问题,如果创业合伙人之间出现了问题和分歧,出现严重矛盾的话,在外力无法解决时,应该先理智地停止这种无意义的争论,以及其他人事的波动,就问题来解决问题,尽可能不要就人来讨论。

(四)不要太计较小事

难得糊涂是企业组织运转的润滑剂,工作上一些小事情既然已经发生了就不要太计较,计较了也于事无补。其实,过后经常会发现双方的计较毫无意义。

(五)一直向前看

在创业合作过程中,遇到问题矛盾应向前看,向前看利益是一致的,因为成功会给大家带来更丰厚的收获;相反,如果盯住眼前的事情不放,只能是越盯矛盾越多,越盯矛盾越复杂,最后裹足不前。只要向前看,成功的希望就激励着合作的各方摈弃前嫌,勇往直前,抵达成功的彼岸。

(六)设置合理的股权比例

合伙人之间的股权不可平均分配,最佳股权结构是有一人持股最大,最大股东股权甚至可以超过50%,从而为日后引入战略投资者预留出足够的股份空间。此外,要赋予最大股东拥有公司最终决策权。

(七)明确分工

在创业合伙人团队中,必须有明确的分工,并且分工需落实到企业规章制度中。每一个合伙人都可拥有一项事务的决定权,甚至在他所属的领域拥有一票否决权。这不仅能够充分给予合伙人归属感,也能够充分发挥合伙人之间的互补优势。

(八)建立退出机制

合伙人取得股权,是基于大家长期看好公司发展前景,愿意长期共同参与创业,因此合伙人早期拼凑的少量资金,并不是合伙人所持大量股权的真实价格。所以,企业股权的主要价格应该是,所有合伙人与公司长期绑定(比如四年),通过长期服务公司去赚取股权。在这种情况下,如果事先不设定退出机制,允许中途退出的合伙人带走股权,这对其他长期参与创业的合伙人是最大的不公平,其他合伙人会因此而没有安全感。

一般而言,股权的退出可以采取以下几种方式:在一定期限内(比如,一年之内),约定股权由创始股东代持;约定合伙人的股权和服务期限挂钩,股权分期成熟(比如四年);股东中途退出,公司或其他合伙人有权以股权溢价回购离职合伙人未成熟、甚至已成熟的股权;对于离职不交出股权的行为,为避免司法执行的不确定性,可以约定离职如不退股便处以高额违约金。

(九)在创业团队中,每个合伙人都应该是多重角色的合体

利益上的股东、公司的运营者、业务的贡献者、文化的传承者……不论创始企业内部是

一股独大,还是股权均等,都可能经历从小企业走向大企业、从大企业走向大家的企业的过程。当业绩波动、核心人员流动需要刹车时,有文化底蕴的团队才不会出现倾覆性的局面。在文化的引领和护航下,企业运营实现的是创业团队的使命传承,让一个创业项目变成一个商业企业,并让一个有组织的商业企业,演变成一个有生态思想的社会企业。这才是合伙人机制对创业者的威力和魅力。

【思考练习】

练习 5-1 结合本节所讲的内容和俞敏洪的案例,思考选择合伙人共同创业有什么优势,又有什么劣势? 为什么?

表 5-1 合伙人共同创业的优缺点

优/劣	答　案	分　析
优势		
劣势		

练习 5-2 结合案例回答问题。

案例　失败的合伙生意

阿丽和小慧是一对十几年的老同学、好朋友,因阿丽有计算机方面的特长,又写了一份合伙人认可的可行性计划,于是在 2017 年 7 月两个人共同投资 6 万元开办了一个电脑培训班。电脑培训班由于地理位置和时间都选得不错,刚开业的一个月里就赚了一万多元钱,他们又把赚到的钱再次投入以扩大经营,期待更好的前景。可是一年半后,小慧要结婚,提出撤股,阿丽觉得电脑设备不断降价,按原价接管电脑培训班不合算,也提出散伙。两人各分得 5 台电脑,最后只好低价出售。两人一算账,各赔了一万元钱。

1. 阿丽和小慧失败的原因是什么?

2. 选择合作伙伴应注意什么?

3. 企业合伙人之间应该如何更好地相处?

练习 5-3 绘制人脉地图。

参考表 5-2,用尽可能大的纸张写下所有你认识的人,要尽可能多地写下来,并思考谁有可能成为你的合伙人。

表 5-2 人脉地图

同学:	家人:	朋友:
老师:	**我**	朋友的朋友:
校友:	同事:	陌生人:

第二节 企业顾问

【理论基础】

一、企业顾问的定义

在创业过程中,我们可能还需要企业顾问,并寻求他们的帮助。企业顾问是企业为了健康发展而聘任的对企业活动进行指导的人才。

企业顾问要定期或不定期地对企业的全部活动或某一方面的活动进行调查研究,提出相应的建设性意见。企业聘任的顾问主要有总顾问、管理顾问、技术顾问、财务顾问和法律顾问等。他们以自己的专业知识和专业技能,通过企业实地诊断、现场研讨、书面报告、管理培训、员工座谈、电话/邮件咨询等多种方式向企业提供专项服务。聘请企业顾问的一个核心价值是能够帮助企业减负灭亏、创利增值。

企业顾问的来源主要有专业协会、融资机构、会计、律师、咨询顾问、政府有关部门的专家等。一般来说,企业顾问不是企业的正式成员,不能直接过问和干预企业的领导工作。但是,因为企业顾问一般都有专门的知识,所以聘请他们做顾问,可以加强企业领导,改进企业经营,提高企业管理水平,保护企业合法权益,增加企业的发展机会。

二、聘请企业顾问的好处

(一)增加商业机会

企业顾问可帮助企业规划整体战略和局部策略,又可以就某些专项事务提供意见,保障交易和合作的安全,使企业在激烈的市场竞争中获得更多的商业机会。

(二)获得经营智慧

企业顾问可以帮助企业在品牌规划、市场营销、客户管理、人事管理、财务管理等方面提供商业运营模式的建议与意见,可以帮创业者应付复杂多变的经营环境,可以帮创业者解除很多困扰,可以帮创业者摆脱困境,可以帮创业者抓住和利用机遇。

三、企业顾问分类

(1)按照服务周期分为:企业设立顾问、企业经营顾问、企业管理顾问、企业发展顾问等。

(2)按照服务内容分为:创业孵化顾问、资本运营顾问、文化运营顾问等。

(3)按照业务性质分为:企业财税顾问、企业法律顾问、企业人事管理顾问、上市孵化顾问、投资融资顾问、项目工程顾问等。

创业者不可能是所有企业事务方面的专家和万事通,各种咨询意见对所有企业家都有意义。此外,创业者可以考虑从一些企业、贸易和教育机构那里获得帮助、信息、咨询意见和培训。

【思考练习】

练习5-4 阅读下文回答问题。

某房地产开发商和一家客户签订了卖房合同,这家客户在按期付了第一笔款项后,却迟迟不付第二笔。在此情况下,房地产开发商认为这家客户没有诚意,就决定不卖房子给他们了。这个案子本来是开发商有理,可是他们不清楚相关的法律规定,没有法律顾问进行风险评估和防范,开发商在决定不卖房子给这家客户的时候,没有用书面的形式说明是因为客户不支付第二笔款项而拒绝卖房的。后来,客户反而以开发商违约将开发商告上法庭,而法院也根据开发商没能提供客户未按期付款的书面证据而判令客户胜诉,由开发商向客户承担合同标的30%的违约金。倘使该房地产开发商有自己的法律顾问或者咨询过专业人员,采取风险防范措施,就完全可以避免该后果的出现。

泸州某装修公司与某公司签订装饰装修合同。在施工过程中,该装修公司应发包方负责人的口头要求,不断增加工程量,致使工程总造价远远高于合同约定的价款。鉴于熟人关系并相信对方有能力支付价款,相信对方不会赖账,该装修公司负责人就没有与发包方补签装修合同。其间,该装修公司的法律顾问得知此情况后,一再要求必须补签装修合同,否则就只按原合同约定履行装修义务;同时告知没有合同的严重后果。听其建议后,双方签订了关于增加工程量的合同,并详细约定了单价、数量和总价。工程竣工交付使用后,发包方无力支付增加工程量的工程款,装修公司遂诉至法院,要求付清尾款,一审法院判如所请。倘使该装修公司没有听取法律顾问的意见,没有补签关于增加工程量的合同,则后期要诉请支付尾款,将会遇到重重阻碍,比如对方可以主张该装修公司擅自增加工程量,而装修公司又无其他证据证明它是在发包方的要求下才增加工程量的,该案将会是另一个判决结果。

请结合上文分析企业顾问在企业经营中的重要作用:

第三节 企业的组织结构

【理论基础】

一、企业组织结构的含义

企业组织结构是指为了实现组织的目标,在组织理论指导下,经过组织设计形成的组织内部各个部门、各个层次之间固定的排列方式,即组织内部的构成方式。作为领导者,非常重要的一件事是排兵布阵,这里所谓的"排兵布阵"就是设计企业组织结构。

二、设计企业组织结构的意义

企业组织结构管理与组织再造工作,意义非同一般。"三个和尚没水吃"的故事大家再熟悉不过了,类似"三个臭皮匠,胜过诸葛亮"的故事也是众人皆知的,其实这就是组织结构管理的效果。决定一个企业是否优秀,能否长寿,不是看企业的领导人多么伟大,最重要的是看企业的组织结构是否能让平凡的员工通过不平凡的努力,创造出伟大的业绩;反之,则会让优秀的员工只做出平凡的业绩。那么,是什么导致了这两种截然不同的组合效果呢?或者说,为什么"整体可能大于各部分的总和",也可能相反呢?其根本原因就在于组织结构不同,要素组合在一起的方式不同,从而造成了要素间配合或协同关系的差异。

组织结构设计得好,可以形成整体力量的汇聚和放大效应;否则,就容易出现"一盘散沙",甚至造成力量相互抵消的"窝里斗"局面。也许正是基于这种效果,人们常将"组织"誉为与人、财、物三大生产要素并重的"第四大要素"。也正是在这一意义上,美国钢铁大王卡内基这样说道:"将我所有的工厂、设备、市场、资金夺去,但只要公司的人还在、组织还在,那么四年之后我仍会是个钢铁大王。"由此不难看出,组织结构管理及组织工作的重要性。

三、创业初期常见企业基本组织结构

创业初期,由于企业人员较少,工作关系比较简单,所以组织结构也相对简单。这当中最常见的组织结构是直线式,即把企业的人员按照工作责任分配到若干部门中。过于复杂的企业组织结构,对于创业初期规模不大的企业来说,不但不实用,反而会增加企业运营成本。

创业者需要为企业每个部门设立一个领导岗位,然后明确各部门之间的关系。在这种组织结构中,企业内部从上到下实行垂直领导,下属部门只接受一个上级的领导,部门领导对所属部门的一切问题负责。另外,结合企业的实际情况,可以设计不同的组织结构,如图5-1所示。

图5-1 直线式组织结构

四、组织结构设计注意事项

良好的组织结构可以帮助企业在人员有限的情况下保持较高的团队执行力和战斗力。一般来说,设计组织结构时应注意以下两个方面:企业内部部门和岗位的设置、部门和岗位之间的关系。创业初期,创业者可按照以下步骤来设计企业的组织结构:

步骤一,弄清企业内部应该划分成哪些部门,设置哪些岗位,明确各部门和岗位的工作职责。

步骤二,明确各部门和岗位之间的关系,是从属关系还是并列关系,并考虑属于并列关系的部门和岗位之间如何进行协调和配合。

步骤三,考虑各部门和岗位应该设置哪些人员,设置多少。

创业初期在企业组织结构设计的过程中,需要注意以下问题:

1.要有利于信息流通畅,使决策周期缩短

组织结构设计合理,可以减少信息的失真,增加上下级的直接联系,信息沟通与决策的方式和效率均可得到改善。

2.要有利于创造性、灵活性的发挥

好的企业组织结构能够使员工士气和生产效率提高,员工工作积极性增强。

3. 要有利于降低企业成本

要尽可能地减少管理层次和职工人数,提高工作效率,并合理控制管理幅度,从而控制产品成本,降低企业的整体运营成本,增强市场竞争优势。

4. 要有利于增强组织的反应能力和协调能力

组织结构的设计要能够让企业的所有部门及人员更直接地面对市场,减少决策与行动之间的时滞,增强对市场和竞争动态变化的反应能力,从而使企业组织能力变得更柔性、更灵敏。

【思考练习】

练习5-5 阅读下文回答问题。

A 企业经过近 10 年的打拼,现已成为一家年销售额 4 亿多元的中高档服装企业。中小企业要保证市场反应速度,其管理层级应该是处于扁平状态的,管理幅度相对较宽。

从图 5-2 看,你可能认为这种组织架构设置是比较合理的,管理层级比较恰当。但实际上我们通过深度访谈发现,这个组织架构图是一个外在的表象,企业在实际运作中,一级部门领导基本上被架空,二级主管多数直接向集团总经理汇报工作,造成集团总经理"日理万机",一年到头几乎没有假日。该企业的周例会可窥见一斑:周例会由集团总经理主持,一级部门负责人和二级主管 50 多人参加,部门经理和主管轮流发言,其场面可谓浩浩荡荡。集团总经理反映:"近 4 个多小时的周例会我的头都晕了,50 多个下属向我汇报工作,完全超过了我的管理幅度。"

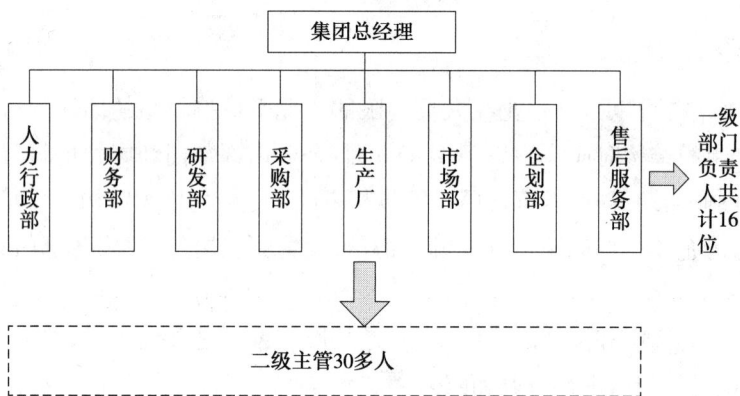

图 5-2 A 企业重组前的组织架构图

1. 请结合上文分析 A 企业的组织结构存在的主要问题。

2. 请结合所学知识重新设计 A 企业的组织结构图。

第四节　企业员工的选用育留

【理论基础】

　　创业者一般很难有时间和精力把企业的全部工作做好,因此需要雇用员工按照不同的需求完成具体的工作。小微型企业可能只需要雇用很少的员工,但随着企业的发展壮大,可能需要雇用更多的员工。不同类型的员工对企业的影响是不同的。企业要发展,离不开员工,企业福利发展到今天,福利计划已经成为公司所支付的人工成本中的一项重要支出,并且还在逐年增加。

一、企业员工选择的影响因素

在企业发展的过程中,为了雇用到合适的员工,创业者需要考虑以下因素:

(一)企业的具体工作需求

创业者需要参照企业构思,把该做的工作列出来。

(二)创业者自己不能胜任或者没有时间承担的工作

创业者及其合伙人在企业中的角色决定其更多的精力需要放在企业发展的方向及发展决策上,同时个人不是万能的,不能一个人完成企业所有的工作。所以需要把具体性的工作、创业者无法兼顾的工作罗列出来。

(三)岗位能力需求

将工作需求详细编写成岗位说明书,阐述员工完成工作应该具备的知识和技能,以及其他要求。

(四)完成每项工作需要的人数

根据岗位说明书和企业的实际发展情况,核算每个岗位的工作量,编制完成每项工作需要的人数。

(五)员工工资

工资一般包括基础工资、资金、津贴、补贴、包括养老保险在内的社会保险、住房公积金;有的企业还有工会经费和职工教育经费、非货币性福利等。这里特别要说明一点的是,创业者和合伙人如果参与企业的运营,也是要发工资的,不可以把工资、利润和分红混为一谈。

二、企业员工的招聘

(一)明确岗位职责

企业员工管理,就是让合适的人做合适的事。因此,创业者必须考虑建立企业管理制度,明确岗位职责,让所有员工都知道自己必须做哪些工作,以及完成这些工作所需的知识和技能,即以文化引导人、以制度管理人,而非人管人。

岗位职责规定了某一特定岗位的工作内容,对这些内容,创业者必须清楚地描述出来,并编写成岗位说明书。这样做有利于明确员工的岗位及职责、权力与利益,为绩效考评提供依据,调动员工的积极性。

一般来说,确定岗位职责时需要注意以下问题:

(1)根据企业经营需要确定工作岗位名称及数量。

(2)根据岗位工种确定岗位职务范围。

（3）明确岗位任职条件。

（4）确定各个岗位之间的关系。

（5）根据岗位的性质明确实现岗位目标的责任。

（二）企业员工招聘一般流程

企业员工招聘一般流程如图5-3所示。

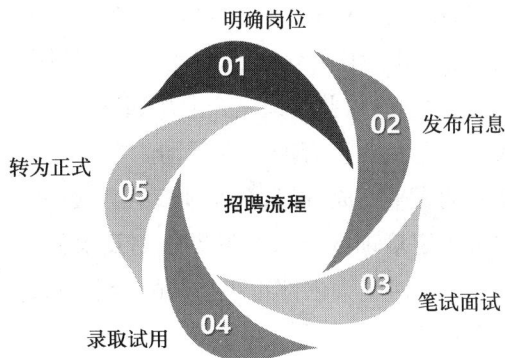

图5-3 企业员工招聘一般流程

明确岗位、发布信息前文已有简述。在录用员工前,创业者应笔试、面试所有应聘人员。在面试过程中,要通过一定的对话提问,掌握应聘者的基本情况。问题设计要有技巧,通常创业者可以向应聘人员提出下列问题:

（1）你原来在哪儿工作?具体做什么工作?

（2）你为什么从原来的单位辞职?为什么想来本企业工作?

（3）你希望得到什么职位?

（4）你认为自己有哪些优点和缺点?

（5）你怎样支配业余时间?有什么兴趣爱好?

（6）你喜欢和别人一起工作吗?如果有人对你态度不好,你会做出怎样的反应?

要多提一些问题,以便了解应聘人员更多的情况。最后向所有参加面试的应聘人员发出通知,不管他们是否被录用。

三、企业培训

企业培训是指企业或针对企业开展的一种提高人员素质、能力、工作绩效和对组织的贡献,而实施的有计划、有系统的培养和训练活动。目标在于使员工的知识、技能、工作方法、工作态度以及工作的价值观得到改善和提高,从而发挥出最大的潜力,提高个人和企业的业绩,推动个人和企业的不断进步,实现个人和企业的双重发展。

（一）企业培训的意义

企业培训是企业持续发展的力量源泉,它能保证企业在日益激烈的人才争夺中不至于败下阵来。企业培训是解决问题的有效途径,培训能够改变员工的某些不适当的工作表现及行为。企业培训是满足企业和员工双方需求的行为,是调动员工积极性的有效方法。企业培训是建立优秀组织文化的杠杆,可以强化企业的共同价值观。

(二)企业培训的投资预期

从投资与收益的角度进行考虑,员工培训转化为产出是一个长期而漫长的过程,它涉及培训内容的个性化和多样化、培训方式是否恰当、培训时机选择等因素,也涉及员工对培训的内容是否吸收、是否有效地运用于工作活动等。因此,培训对企业的影响是一个长期的、间接的过程,如何能够实现培训的高效益应该是企业培训管理的重要内容。

各种层面的培训组成了一个企业所有的培训活动。在一个企业内部,培训工作可以由一个人来完成也可以由不同的人来完成,这与企业规模有直接的关系。不同规模的企业,往往基于效果与效率的考虑来确定培训的投入与发展规划及执行策略。一般来讲,企业管理者对培训效果的要求会直接产生对培训内部组织扩张的诉求,同时,对培训效率的要求则会直接考虑培训内部组织的模式。

(三)企业培训一般流程

1.测评

(1)组织诊断。诊断公司现状及其所处的发展阶段,找出现有的管理问题。为了解决现有的管理问题,各级管理者应该具有什么样的能力;同时明确公司发展战略和事业计划,为了完成公司的发展战略和事业计划,人力资源应该具有什么样的能力,应该如何提升。

(2)管理人员测评。对各级管理者的管理知识、管理技能、管理风格进行测评,形成个人特质报告,包括个人的优势、特长、缺点及不足,通过各种测评方法让管理者个人充分认识到自己的短板及不足,产生主动参加培训以提升自身能力的内驱力,变被动培训为主动培训。

2.规划

根据培训需求,有针对性地设计培训课程,配置师资,制订培训规划。

3.培训/辅导/跟踪

形成各种有效的培训转化方案,建立培训的辅导、跟踪体系。

4.应用

将所学的东西应用到管理工作中去,建立管理应用评估体系。

5.测评反馈

半年后或一年后对受训的各级管理者的管理知识、管理技能、管理风格进行测评,再次形成个人特质报告,包括个人的优势、特长、缺点及不足,通过各种测评方法让管理者个人充分认识到自己经过培训后依然存在的短板,形成更强的培训内驱力,不断地完善自己,提高自己的能力, 如图 5-4 所示。

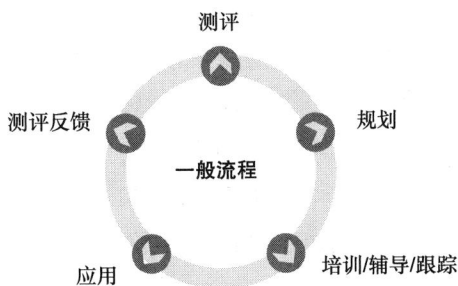

图 5-4　企业培训一般流程图

四、员工激励

企业的活力源于每个员工的积极性、创造性。由于人需求的多样性、多层次性、动机的繁复性,调动人的积极性也应有多种方法。综合运用各种动机激发手段使全体员工的积极性、创造性、企业的综合活力达到最佳状态,才能保持员工的稳定。

(一)员工激励注意事项

1.激励要把握最佳时机

(1)需在目标任务下达前激励的,要提前激励。

(2)在员工遇到困难,有强烈要求愿望时,给予关怀,及时激励。

2.激励要有足够力度

(1)对有突出贡献的员工予以重奖。

(2)对造成巨大损失的员工予以重罚。

(3)通过各种有效的激励技巧,达到以小博大的激励效果。

3.激励要公平准确、奖罚分明

(1)健全、完善绩效考核制度,做到考核尺度适宜、公平合理。

(2)在提薪、晋级、评奖、评优等涉及员工切身利益的热点问题上务求做到公平。

4.奖励与惩罚相结合

注重感化教育,西方管理中"胡萝卜加大棒"的做法值得借鉴。

5.构造员工分配格局的合理落差

适当拉开分配距离,鼓励一部分员工先富起来,使员工在反差对比中建立持久的追求动力。

(二)员工激励方法

1.目标激励

通过推行目标责任制,使企业经济指标层层落实,每个员工既有目标又有压力,产生强烈的动力,努力完成任务。

2. 示范激励

各级主管通过行为示范、敬业精神来正面影响员工。

3. 尊重激励

尊重各级员工的价值取向和独立人格,尤其尊重企业的小人物和普通员工。

4. 参与激励

建立员工参与管理、提出合理化建议的制度和职工持股制度,提高员工主人翁参与意识。

5. 荣誉激励

对员工劳动态度和贡献予以荣誉奖励,如会议表彰、发给荣誉证书、光荣榜、在公司内外媒体上的宣传报道、家访慰问、游览观光、疗养、外出培训进修、推荐获取社会荣誉、评选星级标兵等。

6. 关心激励

关心员工工作和生活,如建立员工生日情况表,签发员工生日贺卡或赠送小礼物。

7. 竞争激励

提倡企业内部员工之间、部门之间的有序平等竞争。

8. 物质激励

增加员工的工资、生活福利、保险,发放奖金,生活用品,奖励住房,工资晋级。

9. 信息激励

交流企业、员工之间的信息,进行思想沟通,如信息发布会、发布栏、企业报、汇报制度、恳谈会、经理接待日制度。

10. 文化激励

文化激励包括文化鼓励和文化奖励。

11. 自我激励

自我激励包括自我赏识、自我表扬、自我祝贺。

12. 处罚

对犯有过失、错误,违反企业规章制度,贻误工作,损坏设备设施,给企业造成经济损失和败坏企业声誉的员工或部门,分别给予警告、经济处罚、降职降级、撤职、留用察看、辞退、开除等处罚。

【思考练习】

练习5-6 阅读下文回答问题。

在张锐担任万学教育集团总裁的两年间,海文考研培训走出了北京,在全国建立了20多个分支机构。而传统的教育公司发展到万学今天的规模,一般需要10年。直到今天,张锐根据贡献确定股份比例打造他的创业团队仍是一个经典案例。2006年,他取得了博士学位之后,在 11 天内说服了 5 个朋友。和张锐一样,他的 5 个朋友都是全国研究生主席联合会中的成员。"从人民大学水穿石咖啡屋,北大万柳公寓,一直到清华大学清华园,还有南开大学马蹄湖畔。我们本来只想说服他们其中一部分,没想到他们全部放弃了原有的高职高薪就业机会,和我一起选择了创业之路。"

怎样才能让优秀的人认可自己的项目并且参与进来,这是很多创业者在创业之初都要考虑的一个问题,当时的张锐面临的就是这样的局面。"在我启动创业之初,我用强势的方法去否定掉我的团队成员其他的选项,可能这和中国传统道德理论是相悖的,因为很多人愿意自己创业,不愿让他的朋友去冒险,其实这是对他的项目信心不足的原因,而我对我的项目非常有信心,所以我大胆、强势地要求他们放弃一切跟我走。"

8 名创始人民主讨论,根据各自的能力贡献确定股份比例,取得一致后根据股份比例实际出资,在法律上大家都成为真正的股东。如果有人出不起现金,就采用私人借钱的方式解决。

张锐能够在万学教育项目上取得成功的原因有哪些?

练习 5-7 结合以下内容回答问题。

找好三种人,拉起你的第一支创业团队

组建团队第一步:评估你的合伙人

第一个极其困难的步骤就是评估你的合伙人。在这个阶段,人员的素质将决定公司后续发展的"DNA"。坚决执行这个步骤至关重要。

哪怕只有一个人的表现不合格,都有可能破坏整个团队。如果组建的团队里有比较平庸的成员,很快你就会知道自己组建的团队可能只是一个平庸的组织而已。

扪心自问:这些人是不是能一起共事的最佳人选?如果答案是肯定的,这说明该是分派角色、划分职责的时候了。

搞清公司股权结构,这个也非常重要。它将有助于避免公司未来发展道路上可能遇到的法律问题,而解决这些问题的成本是昂贵的。

顾问:五种类型必不可少

对于任何一家初创公司,五种类型的顾问必不可少:营销专家、行业内人脉广泛的人、行业内的名人、行业权威和技术专家。

随着业务的增长,如果发现因为时间不够用或者缺乏专业知识,造成无法完成任务的后果,就是这些顾问发挥作用的时候了。确定你及你的合伙人缺少的技能,然后寻找兼职顾问及承包商,由他们来填补空白。接受任何顾问的帮助,都应签一份法律协议,保证公司机密不会外泄,并确保任何工作中所产生的权益都为你所有。

招聘第一个全职员工

什么时候应该聘请你的第一个全职雇员呢?通常情况下,要看你的财务状况。一般你获得资金的时候,不管是天使投资,还是银行贷款,就该增加人手了。

招聘员工时,要观察他们是否具备在初创公司获得成功的气质。在全新的公司流程里,角色往往不是一成不变的,随机应变是员工必须具备的能力。那些在大公司工作时间太久的人,并不一定适合初创公司。

最后,你必须要找到那些在尽力做好自己本职工作之余,还能为公司实现更大利益的人员。那些拥有明显优势的人,身上也存在着一些显而易见的弱点。每一支团队,他们以特有的方式运作,大部分创始人想要团队能够和谐相处。应注意的是,过于和谐的团队,有可能没办法创造出卓越的绩效。

根据以上内容及所学知识,思考你将如何组建一支最佳团队?

【本章小结】

本章主要介绍了合伙人的选择、创业团队的组建、企业顾问的意义、员工的选用育留等四个问题。创业之初,每一个人都会对企业的成功起作用。

寻找创业合伙人首先要保证的就是大家在理念上要保持一致;要合理设计组织结构,从而形成整体力量的汇聚和放大效应;要懂得聘请企业顾问,帮助企业减负灭亏、创利增值;要认真对待选用员工的问题,要考虑员工的职责,合理安排他们的工作。

【课后实践】

规划并组建你的创业团队

1. 你的创业项目涉及哪些岗位? 这些岗位的职责是什么?

表 5-3　创业团队的岗位及其工作职责

序　号	岗　位	工作职责
例	企业主	制订目标、制订计划、实施分工、监督执行、整合资源……
1	合伙人	
2	顾问	
3	人事	
4	行政	
5	财务	
6	研发	
7	采购	
8	生产	
9	销售	
10	其他	

2. 岗位与岗位之间的关系是怎样的? 画图展示你的创业团队的组织架构。

（空白方框）

3. 每个岗位需要几个人,他们的能力要求是什么?

表 5-4　各岗位能力要求

序　号	岗　位	人员能力需求	需要人数
1			
2			
3			
4			
5			
6			
7			
8			
9			
10			
⋮			

4. 设计你的创业团队成员的选用育留计划。

（空白方框）

第六章　相关的法律常识

"国有国法、家有家规"——企业的运营与管理需要符合国家相关法律政策规定。企业需要依靠法律来维护自身的权益。从准备筹划创办企业，到企业的日常运营，或者可能面临的破产解散，这一系列行为的每个环节都有相关的法律法规条文予以约束。创业者应当具备一定的法律常识，并自觉提高合法创业的意识，做到尊法、学法、守法、用法，才能确保自身创业之路的稳健与长久。

【学习目标】

1. 学习和掌握工商注册的有关事项和具体流程；
2. 学习和了解企业的纳税、保险等相关企业责任；
3. 学习和了解创办企业所涉及的其他相关法律法规。

【案例导读】

受"大众创新、万众创业"的号召，大学生小朱在学校就读期间就立志创业，他一直以来都开朗大方、豪爽好客，积极结交了各行各业的朋友。毕业后广泛的朋友圈，使小朱获得很多商机，每每与好友交谈，朋友不可避免地问小朱：你现在的企业都有什么业务？ 与你合作是否能以企业的名义签订合同展开对接？

小朱也思考自己之前的创业经历，主要有两块业务：一是通过亲戚朋友的关系承揽到一些工程施工项目，然后挂靠到相应的建筑企业名下，由自己组织施工队伍进行施工，并按工程造价的 3%～8% 向建筑企业缴纳管理费（也叫挂靠费）；二是由父亲在家乡收购一些农副产品卖到自己所在的城市，不过主要的客户还是自己熟悉的朋友，所以利润有限。小朱发现没有企业的名义，这两块业务都面临不少问题。

小朱初步打算成立一家建筑企业，一来方便自己实施工程项目，二来也可以收到其他业务的挂靠费。小朱咨询了很多人，了解到成立一家建筑企业不难，但建筑企业有经营资质等级划分：资质等级低的，基本上没有人愿意把施工项目挂靠在这类企业名下；获得高等级的经营资质，不仅需要达到一定的经营规模，还需要具备一定的经营年限和经营业绩。这样看来，直接成立建筑企业也不现实。

最后，小朱还是决定成立一家商贸企业，一步步经营自己的业务。拿定主意后，小朱把他和他父亲两个人作为股东，向工商行政主管部门申请企业设立登记。小朱是企业的执行董事兼总经理和法定代表人,他父亲任企业的监事。企业的运营与发展都离不开员工,为了招募和留住人才,小朱制订了企业的薪酬、保险、晋升等一系列制度,并与他们签订劳动合同……

小朱的企业因为运营得当,渐渐达到了一定的规模,成为当地较有名气的商贸企业。但是最近一段时间,小朱感到心烦:企业被银行降低授信额度,之前谈好的贷款申请方案被暂停,资金周转出现了困难。在不久前的招标活动中,因为得知小朱的企业上了税收违法"黑名单",长期合作的单位拒绝其参加招投标活动。更让他郁闷的是,现在他被限制乘坐飞机和高铁,出行也不方便了。

原来,小朱和他经营的企业遇到的种种不便,均源自企业曾经的涉税违法行为。不久前,当地税务局稽查局接到举报信息,称小朱的企业存在涉税问题。检查人员对该企业实施税务检查后发现,该企业采取账外经营方式隐匿收入 339.20 万元,检查人员依法对小朱经营的企业做出补缴税款 62.75 万元、罚款 31.38 万元的处理决定。

小朱最初并没有把税务机关的处理决定当回事,也没有按期执行处理决定补缴税款。随着税务机关将企业信息列入税收违法"黑名单"进行公示,并通知相关部门实施联合惩戒,小朱这才慌了神,急忙到税务机关补缴税款。

新修订的《重大税收违法案件信息公布办法(试行)》规定,对偷税和欠缴应纳税款被税务机关公告的纳税人,在缴清税款、滞纳金和罚款后可以从税收违法公告栏中撤出。

税务工作人员告诉小朱:"你们企业已缴清税款、滞纳金和罚款,我们会尽快提请上级审批,将你们企业的信息从重大税收违法案件信息公布栏里撤出来,并通知其他部门停止联合惩戒。不过被税务机关处理处罚的记录仍将作为税收信用档案保存在信息系统中,以后如果你们企业坚持依法诚信纳税,税收信用是可以得到修复的。"听到这些,小朱心里的石头终于落了地,没想到一时糊涂,给企业经营和个人信用造成了这么大的损失,今后一定诚信纳税,守法经营,把损失的信用弥补回来。

研讨主题:

结合案例思考:小朱如没有企业资质,原来的两块业务可能面临哪些问题? 创办企业应当具备哪些法律知识? 承担哪些社会法律责任?

第一节　企业注册的相关常识

【理论基础】

在我国从事企业经营,都需要办理营业执照,注册企业。企业可以得到法律的保护,也受到法律的约束,并进行合理化商业经营。如果不注册企业,在发票开具、款项往来、员工招聘等方面就很有可能举步维艰。在这一节里你将学习企业的法律形态和创办企业法定流程的相关知识。

一、常见的企业法律形态

企业法律形态是指国家法律规定的企业组织形式，也可以理解为企业在市场环境中存在的合法身份。企业法律形态的选择受资金、人力等条件限制，不同的法律形态承担债务的法律责任也不尽相同，企业的规模、创业资金的多少、承担的风险责任等因素都会影响企业法律形态的选择，因此创业者需要根据自身实际情况和不同法律形态的法律特征，选择一种合适的企业法律形态，以便保证企业稳定经营和持续发展。

本节将主要介绍个体工商户、个人独资企业、合伙企业和有限责任公司这几类较为适合大学生创业初创阶段的法律形态。

（一）个体工商户

《个体工商户条例》规定："有经营能力的公民，依照本条例规定经工商行政管理部门登记，从事工商业经营的，为个体工商户。"

个体工商户是指生产资料属于私人所有，主要以个人劳动为基础，劳动所得归个体劳动者自己支配的一种经济形式。个体工商户有个人经营、家庭经营与个人合伙经营三种组织形式。一般个体工商户的创业者本人亲自从事经营活动，而且是承担创业风险与收益的唯一者。另外，个体工商户不具备法人资格，对债务承担无限责任。

个体工商户创业并不强制要求一定要有固定的经营场所，所以选择注册个体工商户为大学生创业者降低了初创成本，也为创业提供了灵活性和更多的选择性。

（二）个人独资企业

《中华人民共和国个人独资企业法》规定：个人独资企业是指依照本法在中国境内设立，由一个自然人投资，财产为投资人个人所有，投资人以其个人财产对企业债务承担无限责任的经营实体。

个人独资企业不具备法人资格，这是因为企业本身没有独立的财产所有权，投资者是以其个人财产对企业债务承担无限责任的营利性经济组织。同时，个人独资企业设立没有最低注册本金的要求，也只需以投资人为主体缴纳个人所得税，无须缴纳企业所得税。

（三）合伙企业

合伙企业是指自然人、法人和其他组织依照《中华人民共和国合伙企业法》在中国境内设立的，由两个或两个以上的自然人通过订立合伙协议，共同出资经营、共负盈亏、共担风险的企业组织形式。

合伙企业类型有普通合伙企业和有限合伙企业。其中普通合伙企业又包含特殊的普通合伙企业。国有独资公司、国有企业、上市公司以及公益性事业单位、社会团体不得成为普通合伙人。

合伙企业可以由部分合伙人经营,其他合伙人仅出资并共负盈亏,也可以由所有合伙人共同经营。一般不具备法人资格,各合伙人对企业债务承担无限连带责任。合伙企业也不需要缴纳企业所得税,但需要缴纳个人所得税。

(四)有限责任公司

有限责任公司简称有限公司。中国的有限责任公司是指根据《中华人民共和国公司登记管理条例》规定登记注册,由50个以下的股东共同出资设立的经济组织。

顾名思义,有限责任公司每个股东以其所认缴的出资额为限对公司承担有限责任,公司以其全部资产对公司债务承担全部责任。有限责任公司需要双重纳税,即公司盈利既要上缴企业所得税,每个股东还要根据收益上缴个人所得税。

另外,《中华人民共和国公司法》(以下简称《公司法》)规定了一人有限责任公司,即只有一个自然人股东或者一个法人股东的有限责任公司。一人公司作为公司的一种,是企业法人在公司成立时取得法人资格,一人公司的投资人(股东)仅以认缴的出资额为限对公司承担有限责任。

常见的企业法律形态见表6-1。

表6-1 常见的企业法律形态区分表

形 态	创建人数量和注册资本	成立条件	经营特征	收益分配和承担责任
个体工商户	创建人为一个人或一个家庭;无注册资本限制	创建人要有相应的经营资金和场地	创建人自己劳动经营,资产属于个人所有	收益归个人或家庭所有,承担无限责任
个人独资企业	创建人是一个人,无注册资本限制	创建人为自然人,有合法的企业名称,有固定的生产经营场所和必要的商场经营条件,有必要的从业人员	资产为创建人所有,创建人是投资者也是经营管理者	收益归个人所有,承担无限责任
合伙企业	普通合伙企业:由2个以上普通合伙人组成,无注册资本限制	合伙人为自然人的,在法律上要具有完全民事行为能力;有书面的合伙协议;有合伙人认缴或者实缴的出资额;有合伙企业的名称和生产经营场所	合伙人集体决定委托一个或者数个合伙人对外代表企业,执行合伙事务	收益与亏损按合伙协议的约定办理;合伙人承担无限连带责任
	有限合伙企业:2个以上50个以下合伙人,其中至少有1个普通合伙人;无注册资本限制		一定要由普通合伙人执行合伙事务,对外代表有限合伙企业	普通合伙人承担无限连带责任,有限合伙人以其认缴资金承担有限责任

形　态	创建人数量和注册资本	成立条件	经营特征	收益分配和承担责任
有限责任公司	股东设置在 50 人以下；最低注册资本限额 3 万元，注册资本方式为认缴	股东 50 人以下；股东出资达到认缴额度；合法的公司名称；股东共同制定公司章程，设立管理组织机构；有固定的生产经营场所和必要的生产经营条件	需设立股东会、董事会（执行董事）和监事（会），董事会聘请职业经理人管理公司	按股东出资比例分配收益，以股东认缴的出资额承担有限责任
	一人公司最低注册资本 10 万元	一人有限责任公司只能有一个自然人股东或者一个法人股东	不设股东会，需编制财务会计报告，可设一名执行董事	承担有限责任；若股东不能证明公司财产独立于股东自己财产，承担公司债务连带责任

二、企业注册的法定流程

我国法律规定，创办企业并从事经营活动需依法向市场监督管理部门申请设立登记，领取营业执照，如果从事特定行业的经营活动，还须事先取得相关行业主管部门的批准文件或相关许可。企业设立后，须凭营业执照刻制印章，开立银行账户，到税务部门进行税务登记，需配备会计人员处理财务。本节详细介绍工商注册的一般线下流程，不同地区会有所不同，随着法律法规的变化也会有所变化，届时请以最新条文和当地执行条文为准。另外，现在很多注册程序已经实现网络化，包括名称预审、注册申请等，非常方便创业者操作，如图 6-1 所示。

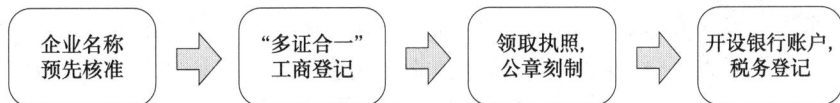

企业名称预先核准 ⇒ "多证合一"工商登记 ⇒ 领取执照，公章刻制 ⇒ 开设银行账户，税务登记

图 6-1　企业注册的法定流程

（一）办理工商注册登记的前期准备

1. 名称的确定

（1）企业名称的命名规定。

企业名称即企业的名字、字号，是企业区别于其他企业或其他社会组织，被社会识别的标志。企业名称由行政区划、字号、行业、组织形式依次组成，如江苏恒顺醋业股份有限公

司。其中的行政区划是本企业所在地县级以上行政区划的名称或地名。市辖区的名称不能单独用作企业名称中的行政区划。

字号能够将企业与其他企业区别开来。企业名称中的字号应当由两个及以上汉字构成，对于涉及驰名商标和上市公司企业名称的公司字号一般不予核准。国民经济行业和经营特点的用语可以用作企业名称中的字号，但不得作为本行业或相关行业的字号，且应以不引人误解为前提。

企业名称中的行业表述应当是反映企业经济活动性质所属国民经济行业或者企业经营特点的用语。企业名称中行业用语表述的内容应当与企业主要经营范围一致。企业经济活动性质分别属于国民经济行业不同大类的，应当选择主要经济活动性质所属国民经济行业类别用语表述企业名称中的行业。行业类别用语的核准按照《国民经济行业分类》（GB/T 4754—2017）执行。

依据《公司法》和"外资三法"等相关法律规定登记的公司制企业的组织形式为"有限公司"或"股份有限公司"。非公司制企业可以申请用"厂""店""部""中心"等作为企业名称的组织形式。根据《个体工商户条例》和《企业名称登记管理规定》，个体工商户的字号名称为自愿原则，可以使用投资人姓名作为字号，也可以不起字号名称。

（2）企业名称预先核准。

我国实行企业名称预先核准制度，企业在成立之前就应拟定名称，否则无法进行注册登记。企业只准使用一个名称，在登记主管机关辖区内不得与已登记注册的同行业企业名称相同或者相似。所以企业名称在企业申请登记时，由工商行政管理机关核准。企业名称经核准登记注册后方可使用，在规定的范围内享有专利权。

办理名称预先核准登记，一般要经过以下步骤：

第一步，咨询后领取并填写企业名称预先核准申请书、指定（委托）书，同时准备相关材料。

第二步，递交名称登记材料，领取名称登记受理通知书，等待名称核准结果。

第三步，按名称登记受理通知书确定的日期领取企业名称预先核准通知书。

预先核准的名称毕竟不同于企业名称的最终确定，这时的企业还属于"设立中的企业"，尚未取得独立法人资格，不能享有和承担与企业相关联的各种权利和义务，包括名称权。企业名称经预先核准后，非公司制企业保留期为1年，公司制企业保留期为6个月。在保留期内不得用于从事生产经营活动，也不得进行转让。保留期满，核准的名称自动失效。

在进行企业名称预先核准申请时，工商部门要求提交的材料一般有：全体投资人签署的企业名称预先核准申请书；全体投资人签署的指定代表或者共同委托代理人的证明及指定代表或者共同委托代理人的身份证复印件，应标明具体委托事项、被委托人的权限、委托期限；申请名称冠以"中国""中华""国家""全国""国际"字词的，提交国务院的批准文件复印件；全体投资人的资格证明，包括自然人的身份证、企业加盖公章的营业执照复印件或股东、发起人的法人资格证明的复印件。以上各项未注明提交复印件的,应当提交原件。

提交复印件的,应当注明"与原件一致"并由投资人加盖公章或签字或由指定代表或者共同委托代理人签字。需投资人签署的,投资人为自然人的由本人签字,自然人以外的投资人加盖公章。

2.经营范围及前置审批和后置审批许可证的办理

(1)企业经营范围的确定。

确定企业的经营范围是新企业的首要任务之一。经营范围是指国家允许企业生产和经营的商品类别、品种及服务项目,反映企业业务活动的内容和生产经营方向,是企业业务活动范围的法律界限,体现企业民事权利能力和行为能力的核心内容。

我国法律规定企业法人应当在核准登记的经营范围内从事经营。经营范围一经核准登记,企业就具有了在这个范围内的权利,企业同时承担不得超越范围经营的义务。一旦超越,不仅不受法律保护,而且要受到处罚。核定的企业经营范围是区分企业合法经营与非法经营的法律界限。

经营范围分为一般经营项目和许可经营项目。一般经营项目是指不需批准企业可以自主申请的项目。申请一般经营项目,申请人应当参照《国民经济行业分类》及有关规定自主选择一种或者多种类别,依法直接向企业登记机关申请登记。许可经营项目是指企业在申请登记前依据法律、行政法规,国务院决定应当报经有关部门批准的项目,包括前置审批和后置审批许可项目。

(2)前置审批和后置审批许可证件的办理。

前置审批许可是指当事人在名称核准之后申请工商登记之前,按照法律规定对涉及特定行业、特定经营范围等的经营项目必须经过国务院及有关行政部门审批,获得许可证明之后方可注册办理工商营业执照。例如,从事卷烟销售经营的经营者,在办理或者审验营业执照这一行政许可时,必须持烟草专卖管理机关核发的有效的烟草专卖许可证,方能办理或审验。同样,如果从事食品销售经营,就要首先取得卫生部门核发的食品卫生许可证后才能办理营业执照。在这里,烟草专卖许可证和食品卫生许可证就是前置许可证件。当前,涉及前置许可的项目一般指:电力供应、煤炭矿产资源开采生产经营、食盐生产批发、道路货运及客运、车辆维修及报废回收、国际海运及水路运输、加油站及成品油批发或零售、医疗机构、医疗器械、药品药具、书报杂志、基础电信、人才中介及职业介绍、农药兽药、印刷、互联上网服务、餐饮娱乐、拍卖品、危化品及危险废物、旅行社、出国中介服务等项目,具体可查阅现行的国家市场监督管理总局登记注册局汇编的《企业登记前置许可项目目录》或去相关部门咨询。

后置审批许可是在办理营业执照后需要再去审批的项目,也就是在办理工商营业执照后再去有关部门审批,审批完后才可以正式展开经营活动。具体项目可查阅现行的《企业登记后置许可项目目录》或去相关部门咨询。

常见的日用百货、五金交电、家具、办公用品、机械电器设备、建筑材料等销售类项目以及技术开发类和咨询服务类项目不需要专项审批。

3. 新企业经营场所证明

新企业要开展正常的生产经营活动,必须拥有其固定的活动场所。经营场所是开业必须具备的基本条件之一,没有住所和经营场所的企业是不允许存在的。

企业经营场所是租赁用房的,需要提交房主的房屋产权证的复印件或有关房屋产权归属的证明文件、使用人与房屋产权所有人直接签订的房屋租赁协议书或合同。

4. 注册资本

注册资本是指合营企业在登记管理机构登记的资本总额,是合营各方已经缴纳的或合营者承诺一定要缴纳的出资额的总和。我国法律、法规规定,合营企业成立之前必须在合营企业合同、章程中明确企业的注册资本,合营各方的出资额、出资比例、利润分配和亏损分担的比例,并向登记机构登记。2013年12月28日,第十二届全国人民代表大会常务委员会第六次会议审议通过了关于修改《公司法》的决定,将注册资本实缴登记制改为认缴登记制:公司登记时,不需要提交验资报告。注册资本实行认缴制后,市场监督管理部门只是做登记,不要求申请人提供验资报告,但是公司章程还是需要注明股东出资金额,以及金额的认缴期限。各股东应在承诺的认缴期限内缴纳完毕,并以认缴的出资额为限承担责任。另外,市场监督管理部门会对企业进行抽查,如果企业在认缴期限到期后,银行的对公账号上的金额没有达到之前确定的认缴金额,工商部门将会对该企业进行处罚,列入经营异常名录向社会进行公示。

5. 工商注册所需证明材料

在这里对工商注册需要准备的材料做一个汇总:

(1)法人股东资格证明或者自然人股东身份证及其复印件。

(2)董事、监事和经理的任职文件及身份证复印件。

(3)公司法人签署的公司设立登记申请书。

(4)全体股东签署的公司章程。

(5)全体股东签署的指定代表或者共同委托代理人的证明以及代表或代理人的身份证复印件。

(6)场所使用证明文件。

(7)企业名称预先核准通知书。

(8)涉及特定行业、特定经营范围的行业许可证明。

(二)办理工商登记注册流程

在准备好相关材料后,就可以向公司登记机关申请设立登记了,当前我国企业登记的管理机关是国家市场监督管理总局。一般来说,企业注册流程包括核准名称、材料审核、领取执照、刻章。

1.核准名称

一般核准名称的时间为1~3个工作日,在确定公司类型、名字、注册资本、股东及出资比例后,可以去公司登记机关现场或线上提交核名申请。若核名通过即可进入下一个流程,失败则需重新核名。

2.材料审核

核名通过后,要确定公司的地址信息、高管信息、经营范围,在公司登记机关现场或者线上申请审核。一般在一个星期内会收到审核结果,若通过就将收到准予设立登记通知书,失败则需完善材料。

3.领取执照

携带准予设立登记通知书、办理人身份证原件到公司登记机关领取营业执照正、副本。

4.刻章

凭营业执照,到公安机关指定刻章点办理:公司公章、财务章、合同章、法人代表章、发票章,至此,一个企业注册完成。

(三)开立银行账户

银行账户是指各单位为办理贷款、结算以及现金收付,而在银行开立的户头。开立存款账户是银行建立往来关系的基础,只有在银行开有账户才能委托银行办理各种资金往来业务。按照《银行账户管理办法》的规定,银行账户分为基本存款账户、一般存款账户、临时存款账户和专用存款账户四种,这里谈到的要开立的是基本存款账户。

1.开立基本存款账户应出具的材料

公司登记注册完成后必须要开立基本存款账户,人们通常所说的银行开户也是指开立基本存款账户。在申请开立基本存款账户时,应向开户银行出具以下证明材料:

(1)营业执照原件及复印件。

(2)公司章程。

(3)法人身份证原件及复印件。

(4)合伙人或股东身份证复印件。

(5)若是请他人代理开立账户,需要法人授权书和经办人身份证原件和复印件。

(6)公章、财务章、法人章、合同专用章、发票专用章。

(7)当地银行要求提供的其他材料。

2.开立银行账户的程序

开立银行账户的程序包括以下步骤:

(1)向银行提交有关开户证明。

(2)在银行工作人员的指引下签订相关文件、盖章。

(3)经审核同意获得银行账号并确定账户的使用方法。

(4)缴存开户款项。

（5）领取业务凭证。

开户后，开户单位能使用银行账户办理业务，同时也要注意保存向银行购买各种业务所得的凭证，如现金存款凭证、进账单、转账支票等。

（四）办理税务登记

税务登记是税务机关依据税法规定，对纳税单位和个人的生产经营活动进行登记管理的一项法定基本管理制度，其内容包括开业登记、变更登记、注销登记、报验登记等。税务登记是国家税收征收管理的起点，也是纳税人必须依法履行纳税义务的法定手续。从事生产、经营活动的企业单位和个人，应当自领取营业执照之日起 30 日内，持税务机关要求提供的有关证件和资料到生产、经营所在地或者纳税义务发生地的主管税务机关的税务登记窗口或行政服务中心税务窗口申报办理税务登记。

企业办理涉税事宜时，在完成补充信息采集后，凭加载统一代码的营业执照登记使用。工商登记"一个窗口"统一受理申请后，申请材料和登记信息在部门间共享，各部门数据互换、档案互认。对于工商登记已采集信息，税务机关不再重复采集；其他必要涉税基础信息，可在企业办理有关涉税事宜时，即时采集，陆续补齐。发生变化的，由企业直接向税务机关申报变更。

1. 税务登记所需材料

办理税务登记时应有的手续依照行业、经济性质与具体相关事务的不同而有区别，所以税务登记办理前应咨询相应税务机关。一般情况下，税务登记时应向税务机关提供如下相应证件和材料：

（1）工商营业执照或其他核准执业证件。

（2）有关合同、章程、协议书。

（3）法定代表人或负责人或业主的居民身份证、护照或其他合法证件。

（4）税务机关要求的其他需要提供的资料。

2. 税务登记后的相关业务

办理税务登记后，可在生产、经营所在地或者纳税义务发生地的主管税务机关办理相关业务：

（1）申请减税、免税、退税。

（2）申请办理延期申报、延期缴纳税款。

（3）领购发票。

（4）申请开具外出经营活动税收管理证明。

（5）办理停业、歇业。

（6）其他有关税务事项。

办理税务登记，一经领取相应的发票，企业不管有没有收入，都必须在特定的时间段向税务主管部门办理税务申报手续。现在可以采用网上申报，第二年年初再将上年全年的申报纸样送税务机关备案。

【思考练习】

练习 6-1　如果你是小朱,你会选择什么样的企业法律形态,为什么? 你打算如何选择自己的企业法律形态呢?

表 6-2　企业的法律形态

可能选择的法律形态	理由说明

第二节　企业的纳税与保险

【理论基础】

创业者都要按照国家法律的规定开办和经营企业,并承担相应的企业责任。在本节,我们将学习作为一名企业主应了解的纳税和保险相关的知识。

一、依法纳税

税收是国家为满足社会公共需要,凭借公共权力,按照法律所规定的标准和程序,参与国民收入分配,强制地、无偿地取得财政收入的一种方式。依法纳税是公民和企业应尽的义务和责任。

所有企业都要报税和纳税,与企业和企业主有关的主要税种有增值税、企业所得税、个人所得税、城市维护建设税、教育费附加。

需要注意的是个体工商户应按照税务部门的规定正确建立账簿,准确进行核算。对账证健全、核算准确的个体工商户,税务部门对其实行查账征收;对生产经营规模小又确无建账能力的个体工商户,税务部门对其实行定期定额征收;具有一定情形的个体工商户,税务部门有权核定其应纳税额,实行核定征收。

(一)增值税

1.增值税的概念

增值税是以单位和个人在生产经营过程中取得的增值额为课税对象征收的一种税。在中华人民共和国境内销售货物或者提供加工、修理修配劳务(简称"劳务")、销售服务、无形资产、不动产以及进口货物的单位和个人,为增值税的纳税人,应当依法缴纳增值税。也就是说有增值才征税,没增值不征税。由于在实际工作中确定增值额是一件很困难的事,增值税一般不直接以增值额作为计税依据,而是采取从销售总额的应纳税款中扣除外购项目已纳税款的税款抵扣法。

2.增值税税率

小规模纳税人是指年销售额在规定标准以下,并且会计核算不健全,不能按规定报送有关税务资料的增值税纳税人。

一般纳税人是指年应征增值税销售额(简称年应税销售额,是指纳税人在连续不超过12个月或4个季度的经营期内累计应征增值税销售额,包括纳税申报销售额、稽查查补销售额、纳税评估调整销售额)超过财政部、国家税务总局规定的小规模纳税人标准的企业和企业性单位。一般纳税人的特点是增值税进项税额可以抵扣销项税额,见表6-3。

表6-3 增值税税率及征收率表

按纳税人划分	税率/%	适用范围	是否可抵扣进项税
一般纳税人	13	销售或进口货物,提供应税劳务,提供有形动产租赁服务	是
	9	销售或进口税法列举的货物,提供交通运输服务、邮政服务、基础电信服务	
	6	提供现代服务业服务(有形动产租赁服务之外)、增值电信服务	
	3	一般纳税人采用简易办法征税适用	否
	0	纳税人出口货物	是
小规模纳税人	3	2014年7月1日起,一律调整为3%	否

3.增值税的计算

(1)一般纳税人计算公式为:

$$应纳税额 = 当期销项税额 - 当期进项税额$$

$$销项税额＝销售额×增值税税率$$

$$销售额＝含税销售额÷（1＋增值税税率）$$

销项税额是指纳税人提供应税服务按照销售额和增值税税率计算的增值税额。

进项税额是指纳税人购进货物或者接受加工修理修配劳务和应税服务,支付或者负担的增值税税额。

（2）小规模纳税人计算公式为：

$$应纳税额＝销售额×征收率$$

$$销售额＝含税销售额÷（1＋征收率）$$

（二）企业所得税

1. 企业所得税的概念

企业所得税是对我国境内的企业和其他取得收入的组织的生产经营所得和其他所得征收的所得税。国家对个体工商户、个人独资企业和合伙企业的投资者,不征收企业所得税,而按 5%～35% 的超额累进税率征收个人所得税。

2. 征税对象

企业所得税的征税对象一般是指企业和其他取得收入的组织。《中华人民共和国企业所得税法》（以下简称《企业所得税法》）第一条规定,除个人独资企业、合伙企业不适用企业所得税法外,在我国境内的企业和其他取得收入的组织（简称"企业"）为企业所得税的纳税人,依照法律规定缴纳企业所得税。企业所得税的纳税人分为居民企业和非居民企业。

3. 企业所得税的税率

企业所得税税率是体现国家与企业分配关系的核心要素。我国企业所得税税率实行比例税率。现行规定是：

（1）基本税率为 25%。适用于居民企业和在中国境内设立机构、场所且所得与其机构、场所有实际联系的非居民企业（认定为境内常设机构）。

（2）低税率为 20%。适用于在中国境内未设立机构、场所的,或者虽设立机构、场所但取得的所得与其所设机构、场所没有实际联系的非居民企业。但对这类企业实际征税时适用 10% 的税率（在税收优惠中另有介绍）。

4. 应纳税所得额的计算

应纳税所得额是指企业每一纳税年度的收入总额,减除不征税收入、免税收入、各项扣除以及允许弥补的以前年度亏损后的余额。应纳税额的计算公式为：

$$应纳税额＝应纳税所得额×适用税率－减免税额－抵免税额$$

国家为了扶持和鼓励某些特定的项目,对企业取得的某些收入予以不征税或免税等特殊政策。不征税收入主要包括财政拨款,依法收取并纳入财政管理的行政事业性收费、政府性基金,国务院规定的其他不征税收入。

5. 税收优惠

税收优惠是指国家对重点扶持和鼓励发展的产业和项目,给予企业所得税优惠。税收优惠的方式包括免税、减税、加计扣除、加速折旧、减计收入、税额抵免等。

(1)免税收入。企业的免税收入主要包括国债利息收入,符合条件的居民企业之间的股息、红利等权益性投资收益,在中国境内设立机构、场所的非居民企业从居民企业取得与该机构、场所有实际联系的股息、红利等权益性投资收益,符合条件的非营利性组织的收入。

(2)免征、减征优惠。

①企业的下列所得,可以免征、减征企业所得税:从事农、林、牧、渔业项目的所得,从事国家重点扶持的公共基础设施项目投资经营的所得,从事符合条件的环境保护、节能节水项目的所得,符合条件的技术转让所得。

②符合条件的小型微利企业,减按20%的税率征收企业所得税。

③国家需要重点扶持的高新技术企业,减按15%的税率征收企业所得税。

④民族自治地方的自治机关对本民族自治地方的企业应缴纳的企业所得税中属于地方分享的部分,可以决定减征或者免征。

⑤其他规定免征、减征的所得。

(3)其他优惠。

在实际经营过程中,还有一些更具体的优惠政策,如加计扣除优惠、创业投资优惠、加速折旧优惠、企业综合利用资源、节能环保产业发展的优惠等,创业者可自行查阅相关资料进行了解,实际经营过程中,根据实际需要到税务部门咨询。

(三)个人所得税

个人所得税是以个人(含个体工商户、个人独资企业、合伙企业中的个人投资者、承租承包者个人)取得的各项应税所得为征税对象所征收的一种税。

1. 征税对象

在中国境内有住所,或者无住所而一个纳税年度内在中国境内居住累计满183天的个人,为居民个人。居民个人从中国境内和境外取得的所得,依照规定缴纳个人所得税。

在中国境内无住所又不居住,或者无住所而一个纳税年度内在中国境内居住累计不满183天的个人,为非居民个人。非居民个人从中国境内取得的所得,依照规定缴纳个人所得税。

下列各项个人所得,应当缴纳个人所得税:

(1)工资、薪金所得。

(2)劳务报酬所得。

(3)稿酬所得。

(4)特许权使用费所得。

(5)经营所得。

（6）利息、股息、红利所得。

（7）财产租赁所得。

（8）财产转让所得。

（9）偶然所得。

居民个人取得第一项至第四项所得（简称"综合所得"），按纳税年度合并计算个人所得税；非居民个人取得第一项至第四项所得，按月或者按次分项计算个人所得税。

2. 个人所得税的税率（经营所得）

适用 5%～35% 的超额累进税率，见表 6-4。

表 6-4　个人所得税税率表（经营所得适用）

级　数	全年应纳税所得额	税率/%	速算扣除数
1	不超过 30 000 元的	5	0
2	超过 30 000 元至 90 000 元的部分	10	1 500
3	超过 90 000 元至 300 000 元的部分	20	10 500
4	超过 300 000 元至 500 000 元的部分	30	40 500
5	超过 500 000 元的部分	35	65 500

注：本表所称全年应纳税所得额是指依照《个人所得税法》第六条的规定，以每一纳税年度的收入总额减除成本、费用以及损失后的余额。

3. 应纳税所得额的计算

以每一纳税年度的收入总额减除成本、费用以及损失后的余额，为应纳税所得额。

个人将其所得对教育、扶贫、济困等公益慈善事业进行捐赠，捐赠额未超过纳税人申报的应纳税所得额 30% 的部分，可以从其应纳税所得额中扣除；国务院规定对公益慈善事业捐赠实行全额税前扣除的，从其规定。

（四）增值税附加税

增值税附加税是附加税的一种，是对应于增值税的，按照增值税税额的一定比例征收的税。其纳税义务人与独立税相同，但是税率另有规定，是以增值税的存在和征收为前提和依据的。通常包括城市维护建设税、教育费附加、地方教育费附加等。

城市维护建设税以流转税为基础，纳税人所在地在市区的，税率为 7%；纳税人所在地在县城或镇的，税率为 5%；纳税人所在地不在市区、县城或镇的，税率为 1%。

教育费附加目前统一按 3% 的比率征收。

二、购买保险

企业保险是指企业在日常经营中所需要的包括各种责任险、财产险、企业主和职工的个人寿险以及企业应急资金账户等在内的一揽子的保险规划。企业保险能为企业提供的保障,使企业持续经营或留住人才。

(一)社会保险

社会保险是通过国家立法强制实行的,由劳动者、企业或社区、国家三方共同筹资,建立保险基金,在劳动者出于年老、工伤、疾病、生育、残疾、失业、死亡等原因丧失劳动能力或暂时失去工作时,给予劳动者本人或供养直系亲属物质帮助的一种社会保障制度。

我国社会保险法规定,国家建立基本养老保险、基本医疗保险、失业保险、工伤保险和生育保险等(即我们常说的"五险一金"中的"五险")社会保险制度,用人单位和个人依法缴纳社会保险费,其中前三项保险由单位和职工共同缴费,后两项保险仅由单位缴费。

(二)商业保险

企业购买商业保险,一旦发生问题,企业和员工的利益可以得到一定的经济保障。有的企业主为了省钱而不购买保险,其实是很失策的。如果一家企业没购买保险,那么其贵重设备被盗或是发生了火灾,损失就要全部由企业自己承担。

企业商业保险的主要类别有:

1.企业财产保险

企业财产保险(包括财产一切险、建工保险、火灾险等)是任何企业在生产经营过程中应首先考虑的一项基本险种。该险种保障的是企业因被保险财产在风险所在地遭受自然灾害或意外事故而引致的损失。

2.责任保险

责任保险是以被保人的民事赔偿责任为保险标的的财产保险。一般有雇主责任险和公众责任险。

雇主责任险是指被保险人所雇用的员工在受雇过程中从事与保险单所载明的与被保险人业务有关的工作而遭受意外或患与业务有关的国家规定的职业性疾病,所致伤、残或死亡,被保险人根据《中华人民共和国劳动法》(以下简称《劳动法》)及劳动合同应承担的医药费用及经济赔偿责任,包括应支出的诉讼费用,由保险人在规定的赔偿限额内负责赔偿的一种保险。

公众责任保险适用于工厂、办公楼、旅馆、住宅、商店、医院、学校、影剧院、展览馆等各种公众活动场所,承保企事业单位、社会团体、个体工商户、其他经济组织及自然人在固定场所从事生产、经营等活动中由于意外事故而造成损失和费用,依法应承担的各种赔偿责任。

3.其他保险

除上述比较常见的保险外,还有国内货物运输保险、运输工具保险、工程保险、保证保险、信用保险等也比较常见,创业者可自行查阅相关资料。

三、员工保障

企业竞争力的一个关键影响因素是员工的素质和积极性。在劳动力流动加快和竞争加剧的形势下,优秀的劳动者越来越成为劳动力市场上不可或缺的重要资源。保障员工权益既是吸引优秀员工的重要手段,也是企业必须承担的法律责任。对于企业而言,员工保障主要有以下三个方面:

1. 合法签署劳动合同

劳动合同是劳动者与企业签订的确立劳动关系、明确双方权利和义务的协议。劳动合同对双方都产生约束力,不仅保护劳动者的利益,也保护企业的利益,它是解决劳动争议的法律依据,创业者绝对不能嫌麻烦或者为了眼前的小利而设法逃避签订劳动合同。

劳动合同的基本内容包括:工作内容和工作地点;工作时间和休息休假(法定工作时间和年假、病假、事假等);劳动保护和劳动条件;劳动报酬(工资形式、标准工资、奖金、津贴、加班工资等);社会保险和福利待遇;劳动合同的变更、解除、终止、续订;其他约定条款。

在劳动合同中,用人单位与劳动者除约定上述基本内容外,还可以约定试用期、培训、保守秘密等其他事项。

2. 提供劳动保护和劳动条件

劳动保护就是依据《劳动法》规定的劳动安全保护和劳动卫生保护等两个基本内容。而劳动条件是指劳动者在劳动过程中所必需的物质设备条件,如有一定空间和阳光的厂房、通风和除尘装置、安全和调温设备以及卫生设施等。

创业初期企业现金流一般比较紧张,但是创业者仍然要尽量按照《劳动法》规定为员工创造良好的工作条件,防止发生工伤事故和职业病,做好危险品和有毒物品的使用和储存工作,改善声、光、气、温、行、居等条件,以保证员工的人身安全并提高他们的工作积极性和工作效率。这样可以避免出现意外情况时无法使用各种保险降低企业损失或者造成不必要的劳动纠纷。

3. 劳动报酬

劳动报酬是劳动者付出体力或脑力劳动所得的对价,体现的是劳动者创造的社会价值。创业者在劳动合同中有关劳动报酬的约定要符合我国有关最低工资标准的规定,并且必须按时以货币形式发放给劳动者本人。劳动全部报酬包括货币工资、实物报酬、社会保险三个部分。

另外,你还要知道我国法律对加班工资报酬的规定:

(1)安排劳动者延长工作时间的,应支付不低于劳动者工资 150% 的工资报酬。

(2)休息日安排劳动者工作又不能安排补休的,应支付不低于劳动者工资 200% 的工资报酬。

(3)法定休假日安排劳动者工作的,应支付不低于劳动者工资 300% 的工资报酬。

【思考练习】

　　练习 6-2　如果你是创业者小朱,为了避免税务和保险的相关风险,你计划罗列出企业所纳税种和保险需要,请完成下面的表格,见表6-5。

表6-5 所纳税种及购买险种

项 目		是否适合你的企业(是/否)	详细内容(理由)
所纳税种	流转税 增值税		
	所得税 企业所得税		
	个人所得税		
	附加税 城市维护建设税		
	教育费附加		
	其他		
购买险种	社会保险 基本养老保险		
	基本医疗保险		
	失业保险		
	工伤保险		
	生育保险		
	商业保险		

第三节 与创业者相关的法律法规

【理论基础】

创业者在创业过程中会面临各种各样的风险,其中法律风险往往容易被人忽视,很多创业者不在意法律危机的防范。事实上企业在经营过程中发生法律纠纷是很常见的,中小企业发案率高、败诉率高、执行率低,打赢官司拿不到钱更是普遍现象。有时候一场官司、一笔欠款就能将一个中小企业打垮。事实证明,一个企业忽略法律风险防范,往往会给企业带来不可挽回的损失。尤其是中小企业,与大企业相比,经济实力较差,内部管理不善,防范法律风险的能力跟大企业比起来有很大的差距,可能一次法律上的疏忽就会给企业带来灭顶之

112

灾。本节将简要介绍在大学生创业初期与中小企业密切相关的法律法规。

一、《中华人民共和国民法典》

2020 年 5 月 28 日,十三届全国人大三次会议表决通过《中华人民共和国民法典》(以下简称《民法典》),新中国第一部《民法典》正式诞生。《民法典》吸收了现行《中华人民共和国婚姻法》《中华人民共和国继承法》《中华人民共和国民法通则》《中华人民共和国收养法》《中华人民共和国担保法》《中华人民共和国合同法》《中华人民共和国物权法》《中华人民共和国侵权责任法》《中华人民共和国民法总则》的内容,涵盖了社会生活的方方面面,回应了很多时代热点问题,被誉为"社会生活百科全书"。《民法典》自 2021 年 1 月 1 日起施行。《中华人民共和国婚姻法》《中华人民共和国继承法》《中华人民共和国民法通则》《中华人民共和国收养法》《中华人民共和国担保法》《中华人民共和国合同法》《中华人民共和国物权法》《中华人民共和国侵权责任法》《中华人民共和国民法总则》同时废止。

《民法典》的出台,不仅对个人的权利义务设置了法律依据,也为一系列经济活动、社会生产提供了应当遵循的准则,不仅是中国法制史上划时代的事件,也将对新时代中国经济的发展产生重大而深远的影响。大学生创业者更应该与时俱进,积极学习掌握法律变化,严格遵守法律规定,同时顺应立法形势做出改变,这样才能抓住机遇,勇立潮头,实现自身的长足发展。

《民法典》对中小企业规定的事项主要有:

1. 合同

合同涵盖的内容广泛,不仅商品交易需要订立合同,涉及公司的股权交易、知识产权交易、物权变动等事项也均需有《民法典》规定调整的合同保障。

2. 物权

公司经营所得,涉及的土地、房产等不动产以及交易有些动产,是需要依法登记才能取得物权的。

3. 婚姻与继承

公司在运转的过程中,可能因为股东婚姻、继承情况的改变,而出现股东或股份的变动,这方面受到《民法典》规定调整。

4. 担保

公司经营中不可避免地涉及为人担保与找人担保,这方面受到《民法典》规定调整。

二、《中华人民共和国公司法》

《中华人民共和国公司法》是为了规范公司的组织和行为,保护公司、股东和债权人的合法权益,维护社会经济秩序,促进社会主义市场经济的发展而制定的法律。它对公司的设立、股东资格、公司章程、股东责任、股东权利、公司高管、公司解散、清算等事项进行了规定,是贯穿中小企业发展始终的一部法律。

三、《中华人民共和国民事诉讼法》

《中华人民共和国民事诉讼法》（以下简称《民事诉讼法》）的作用是保护当事人行使诉讼权利，保证人民法院查明事实，分清是非，正确适用法律，及时审理民事案件，确认民事权利义务关系，制裁民事违法行为，保护当事人的合法权益，教育公民自觉遵守法律，维护社会秩序、经济秩序，保障社会主义建设事业顺利进行。

在企业运营时，若因财产关系和人身关系提起民事诉讼，需按照《民事诉讼法》的规定进行判处。

四、税收类法律

企业作为最重要的纳税义务人，在缴纳税款的时候要遵循《中华人民共和国增值税暂行条例》《中华人民共和国企业所得税法》《中华人民共和国个人所得税法》《中华人民共和国税收征管法》等法律。

五、劳动类法律

公司经营的根本在于人的运作，而公司作为用人单位就要遵守《劳动法》《劳动合同法》以及相关的配套法规的规定，为劳动者缴纳各种社会保险。

六、金融类法律

金融类法律主要是调整金融关系的法律，金融关系包括金融监管关系与金融交易关系。金融监管关系主要是指政府金融主管机关对金融机构、金融市场、金融产品及金融交易的监督管理的关系。金融交易关系主要是指在货币市场、证券市场、保险市场和外汇市场等各种金融市场、金融机构之间、金融机构与大众之间、大众之间进行的各种金融交易的关系。不管是金融监管关系还是金融交易关系都与企业的经营息息相关。

七、知识产权类的法律

知识产权，也称知识所属权，指权利人对其智力劳动所创作的成果和经营活动中的标记、信誉所依法享有的专有权利，一般只在有限时间内有效。各种智力创造比如发明、外观设计、文学和艺术作品，以及在商业中使用的标志、名称、图像，都可被认为是某一个人或组织所拥有的知识产权。

企业要有自己的知识产权，要给自己的产品或者服务注册商标，有自己的商业秘密和专利技术。这些涉及《中华人民共和国商标法》《中华人民共和国专利法》《中华人民共和国反不正当竞争法》的调整。

【思考练习】

练习6-3 阅读以下案例并回答问题。

案例1 秦亮的败诉

在上海大学读大四时,秦亮通过熟人与中国联通上海分公司一级代理商上海美天通信工程设备有限公司取得联系,并得知"美天"正准备推广 CDMA 校园卡业务。秦亮认为可以发动老师、同学购买,赢利几乎唾手可得。

由于"美天"要求必须以公司为主体来签协议,秦亮和几个同学在家长的帮助下,注册了上海想云科技咨询有限公司,以该公司的名义与"美天"签署了《CDMA 校园卡集团用户销售协议书》。协议约定:"想云"拥有在上海大学进行 CDMA 手机及 UIM 卡捆绑销售的权利,并对校园卡用户资料真实性及履行协议承担保证责任,用户必须凭学生证和教师证购买,一人一台;如"想云"发现用户不真实,"美天"有权停机,"想云"承担不合格用户的全部欠费……

在同学和老师的宣传下,秦亮的生意很红火,一共发展了 4 196 名用户。秦亮和"想云"可从"美天"获得 10 万余元的回报。

但是"美天"给秦亮支付了 2 万元后,联通公司发现"想云"递交的客户资料中有几百份是虚假的,有一部分根本不是校园用户,有的是冒用别人的身份证,最终形成了大量欠费。

"美天"为此得赔偿联通 442 户不良用户的欠费 52 万余元,联通还扣减"美天"406 部虚假用户和不良用户的手机补贴款 36 万余元。

"美天"将"想云"及秦亮起诉到法院,要求"想云"及秦亮承担上述赔偿款项,另赔偿"美天"406 部虚假、不良用户手机的补贴差价 6 万余元,未归还的手机价款 15 万余元和卡款 5 100 元,总计 100 万余元。

一审法院认定秦亮借用"想云"公司名义与"美天"签订销售协议,协议书上是秦亮的签名和"想云"的公章,并无其他"想云"公司的人员参与,故秦亮与"想云"公司共同承担 100 万余元的赔偿责任。由于"想云"本来就是为这项业务成立的公司,加上经营亏损,已被吊销营业执照,秦亮成了债务承担人。一分钱没挣到的秦亮反背上了 100 多万元的债务。

秦亮不服判决,他称自己凭肉眼无法辨别证件的真伪,而业务受理地都有"美天"的工作人员,"美天"公司也有专门辨识证件真伪的仪器,但是"美天"却要求自己承担所有损失,显然有失公平,遂上诉到二中院要求改判。但是二中院经审理后,维持了原判。

案例2 小王的无奈

小王是中南大学铁道校区大三学生,他与另外三位有创业想法的同学一拍即合,每人投资 4 000 元准备开店。

他们看中了校园附近一个闲置的店面,承租者是一位姓孙的女老板,她同意以 1.2 万元转让这个店面两年的使用权,但不要让房东知道店面转租给他们,如果房东问起,就说他们几名大学生是帮她打工的,以此避免房东找麻烦。小王等人虽然知道孙老板不是真正的房东,但涉世未深的他们不知道一定要经过房东的同意才能租房,以为签了协议就能保障他们的权利(根据我国法律规定,没有经过房东同意擅自转租房屋是无效行为,所签订的门面转让协议也无效)。小王等人与孙老板签订了协议后,先支付了7 000元店租。

当小王等人正对店面进行装修时,房东闻讯赶来阻止。房东表示,他和孙老板签订的合同上明确写了"该房子只允许做理发店,并且不允许转租"。由此,房东与孙老板发生了冲突,并锁住了店门。不甘示弱的孙老板也跟着在店门上挂了一把锁。三把锁锁死了他们的创业之路。

此后,孙老板就无影无踪,手机关机,也没做任何解释。房东也不愿意和小王他们协商,反正房租已经收到了年底。这可苦了欲创业的几名大学生,付给孙老板的7 000元房租,加上门面装修花费了5 000多元以及进货花去的钱,4人凑的1.6万元已经所剩无几。

后来,孙老板终于出现,她向小王等人提出两个方案:一是小王等人将剩下的5 000元租金交齐,她再想办法和房东协商,让房东同意他们经营。二是如果要她退还7 000元店租,小王他们必须把已经装修了的店面恢复原状,并补偿她两个月的误工费。其实,孙老板所称的"损失"应该与小王他们的损失合在一起由双方共同承担。我国法律规定,在协议双方都知情的情况下,因合同无效造成的损失应由双方共同承担。所以,小王等人可以向法院提起诉讼,用法律的手段解决纠纷。

结合案例讨论:作为大学生创业者在创业初始阶段可能面临哪些方面的法律风险?应该如何防范?

表6-6　法律风险及防范

可能面临的风险	如何防范

【本章小结】

　　作为一名创业者,在成立企业开始就要承担相应的法律责任和义务:工商注册、依法纳税、根据企业的实际情况购买相关保险等。合法经营,主动承担责任的企业才能得到社会和员工的认同,才可能走得长远。

【课后实践】

访谈企业主

　　1.在确保安全的前提下,寻找中小企业主,采访了解其所遇见过的法律风险,或利用本章所学向受访者普法,如协助其选择企业法律形态、工商注册、评判风险等,并填写企业主访谈记录表。

　　2.线下采访要求附上两张纸质档的照片(一张与企业主的合影;一张与企业的合影,必须有企业的名称)。

　　3.如线上进行,请附一张纸质档含有企业主和企业合影的照片,同时提供电话录音等线上采访资料,见表6-7。

表 6-7　企业主(创业者)访谈记录表

访谈日期:　　　年　　月　　日　　　　　　　　　　　　　　　访谈人:

企业概况	企业名称			企业地址	
	企业主个人信息	姓名		企业类型	
		性别		员工人数	
		年龄		企业主要经营范围	
		学历			
	企业愿景				
创业过程中遇到的法律风险及其应对策略					

续表

帮助事项记录	
你的感想或收获	

第七章　预测启动资金

企业是以营利为目的的,营利的一个关键前提是有"本钱",也就是启动资金,任何一家顺利经营的企业都需要基本的启动资金。因为资金都是具有成本的,如果在资金使用过程中不能创造高于其成本的收益,企业就会发生亏损。这并不是说筹集的资金越少越好,如果筹集的资金不足以支撑企业的日常运转,则企业会面临资金断流,甚至因此而倒闭;但也不意味着筹集的资金越多越好,很多创业企业都是在开始的时候被一下子获得的大笔资金"撑死的"。因此,创业者需要准确地预测并筹集启动资金,才能顺利地开启创业之路。

【学习目标】

1. 了解启动资金的概念和分类;
2. 掌握预测启动资金的方法并预测自己需要的启动资金;
3. 了解企业融资的几种渠道及相应的优缺点。

【案例导读】

李雪的女装店

李雪一直想创业,做青年女性服装的生意,因为她所在的大学女生居多,对女装有很大的需求。

李雪的父母非常支持她创业,让她用家里的房子作担保向银行申请贷款。李雪得到贷款后立刻行动:她在学校附近租了间300平方米的临街商铺,一番装修后,购买了电脑、电话、打印机、音响、沙发、饮水机等设备,还买了一台车,并在车上喷涂了公司的LOGO。李雪告诉父母,精美的门面能帮助企业树立良好的形象,也有助于吸引更多的客户。

李雪马上投入了繁忙的工作中,还招聘了8名形象气质好的销售员和自己一起并肩战斗。由于李雪眼光独到,女装的需求量确实很大,客户还把她推荐给其他朋友。可是,令李雪没想到的是,刚经营了半年,公司的资金就出现了断流,无法继续支付银行的欠款。于是,银行中止了贷款,并要求偿还所有债务,李雪不得不宣布公司破产。看情况,李雪的家庭还有可能失去家里的房产。

研讨主题:

李雪的企业资金断流的原因是什么? 她应该怎么做?

第一节　启动资金

【理论基础】

启动资金就是开办企业并使其正常运转需要准备的所有资金。启动资金按照不同标准可以进行不同的分类，按照资金的用途和流动性可分为投资和流动资金两大类。

投资是指为开办企业而购置的固定资产和无形资产，以及花费的开办费和其他投入的资金总和。投资的支出项目往往具有价值相对较大，可使用的时间相对较长等特点。如买一台车作为运输工具，价值相对较大，且可以使用很长时间；又如为了办企业而买一层写字楼，可能价值会更大，原理上产权长达40年等。开办企业时，投资是必需的，不同企业的投资是不同的。有的企业用很少的投资就能开办，甚至是零成本；而有的企业却需要大量的投资才能启动。明智的做法是，把不必要的投资降到最低限度，让企业少担风险。

流动资金是指企业日常运转所需要支出的资金，流动资金的支出项目往往具有价值相对较小，可使用的时间相对较短等特点，如这个月给员工发了工资下个月还要发。

创办的企业的规模不同、行业不同、地区不同，创业所需要的资金数量就会不同，甚至存在很大的差异。尽管不同企业对创业资金的需求有很大差异，但是对创业企业所需资金的预测却有着其内在的规律性。

特别说明：在资金运作的问题上，为了方便大家理解，我们推出了"魏亮和刘丽的系列创业故事"。本故事由真实案例改编而来，以某高校毕业生魏亮和刘丽为主人公，讲述了二人合伙开一家奶茶店的故事。如有雷同，纯属巧合。

魏亮和刘丽的创业故事（一）

魏亮是一名刚毕业的会计专业应届大学生，在毕业时，萌生了创业的想法，在和家人商量后，征得了家人的同意，经过初步的市场调查，觉得在学校旁边的商业街开一家奶茶店大有可为，在和学食品安全专业的好友刘丽商量后，刘丽也决定加入。两人觉得计算启动资金需求量比较复杂，所以把这项工作分成两步，先将开办企业的支出分类和列表，再进行具体计算。他们对开办的奶茶店的必要开支项目进行了如下罗列：

投资：

装修费、设备费（收银机、操作台、冰柜、封口机、桌椅等）、开办费（开业前市场调查费、培训费、技术资料费、注册费、营业执照费等）。

流动资金：

购买前期材料和包装材料的费用、租金、工资、水电费、交通费、电话费、办公用品费、应酬费、促销费、保险费、其他不可预见费用。

列好了支出项目之后，有没有疏漏？到底要怎么算？魏亮和刘丽也不太确定，于是决定找学校创业学院的指导老师请教。

一、投资预测

投资资金一般可分为固定资产、无形资产、开办费和其他投入四类。

（一）固定资产

固定资产是指企业购置的价值较高、使用寿命较长的资产，如厂房、写字楼、商铺、机器、设备等。

1. 房产和地产

创办一家企业，需要有适宜的房产或地产。房产中有厂房、写字楼、商铺等；地产中有牧场、林场等，一般大学生在创业的过程中涉及的不多。

在弄清需要什么样的房产或地产后，创业者可能要面对以下几种情况：

（1）自建房产。

如果创业者的企业对房产有特殊要求，最好自己造，但这需要大量的资金和时间。

（2）购买房产。

如果创业者有能力购买理想的房产，那么直接购买是最简便又快捷的选择。但购买到的房产往往需要经过装修改造才能满足企业的需要，这也需要花费创业者大量的资金和时间。

（3）租赁房产。

租赁房产比自建房产和购买房产所需的资金要少，这样做也灵活。如果是租赁房产，当创业者需要变更企业地点时，会容易很多。不过租赁房产不如自有房产稳定。这里需要特别提醒的是，租金不属于"投资"，而属于后面讲到的"流动资金"。

（4）在家开业。

在家开业最便宜，尤其是在初创期资金紧张的情况下，在家开业是起步的好办法；但在家开业，要考虑是否影响企业发展，同时也要协调好业务和生活，以免互相干扰。

2. 设备

设备是企业需要的所有机器、工具、车辆、家具等。对于制造类企业和一些服务类企业，它们最需要的往往是设备。一些企业需要在设备方面投入大量资金，因此，弄清企业需要什么设备并选择正确的设备类型非常重要。

（二）无形资产

无形资产是指不具有实物形态但能带来经济收益的资产，如特许经营权、商标权、专利权、土地使用权、商誉、大型软件等。

无形资产是企业的一种特殊资产，在法律规定范围内，企业对无形资产享有占有、使用、收益的处置权利。企业在预测无形资产之前,首先应考虑所购买的无形资产的合法性;其次要确认清楚无形资产的法定有效期,以及评估和计价的合法性。

(三)开办费

开办费是指企业在筹建期间发生的各项费用,包括培训费、差旅费、印刷费、注册登记费及相关的各种行业许可证明的费用等。

(四)其他投入

除上述投资外,开办企业还可能要投入装修费、转让费等费用,这些一般需要一次性缴费并可以长期使用。

魏亮和刘丽的创业故事(二)

魏亮和刘丽经过一番市场调查,最后决定租下学校附近商业街的一套 20 平方米的临街商铺,年租金 36 000 元;但除房租外,他们还需投入不少资金,具体需要多少,要仔细算一算,见表 7-1。

表 7-1 投资预测表

项　目	费用/元
购置器具、工具和家具	
桌椅	3 200
吧台	4 000
基本设备(平冷操作台、净水器、水槽、保温桶、煮锅等)	6 770
电子设备(冰柜、收银机、制冰机、沙冰机、电磁炉、封口机等)	10 510
消防器材	200
开办费	
市场调查费、咨询费	2 000
培训费、技术资料费	1 600
其他投入	
前期装修费	36 000
投资总额	64 280

根据计算,魏亮和刘丽的奶茶店需要投入的投资总额是 64 280 元。

二、流动资金预测

一般情况下,企业开业后要经营一段时间才能有销售收入。第一产业的相关创业项目往往需要很长的时间才能获得回报;第二产业的相关创业项目在销售之前必须先把产品生产出来;第三产业的相关创业项目要在卖货之前先采购商品,或在提供服务之前买材料和相关设备。所有企业在招揽顾客之前必须先花时间和费用进行促销。总之,你需要一定的流动资金来维持企业的正常运营。

不同的企业所需的流动资金也不同。有的企业只需要准备三个月甚至更短时间的流动资金就可以正常运转起来,但有的企业,需要准备一年甚至更长的流动资金才能保证企业的正常运转。创业者必须预测并计算,在获得销售收入之前,企业能够支撑多久。有些费用需要按照实际发生额来计算,比如有些保险费是要按年度来支付的。一般而言,刚开始的时候销售并不乐观,因此,创业者的流动资金要计划得更宽裕一些。

流动资金预测时需要考虑如下因素:

(一)采购原材料的费用

任何一家企业都需要向供应商采购一定的原材料。预计的库存越多,需要用于采购的流动资金就越多。既然购买存货需要资金,原理上讲创业者就应该将库存降到最低限度。

如果是制造商,创业者必须预测生产需要多少原材料库存,这样就可以计算出在获得销售收入之前需要多少流动资金。如果是服务商,创业者必须预测在客户付款之前,提供服务需要多少材料库存。如果是零售商和批发商,创业者必须预测在开始营业之前需要多少商品存货。

如果企业允许客户赊账,资金回收的时间就会更长,创业者就需要更多的流动资金来保证最低库存。

(二)促销费用

新企业开业后,往往需要促销自己的产品或服务,而组织促销活动是需要流动资金的。尤其在商品相对过剩的今天,促销费用占的比重有越来越大的趋势。

(三)工资费用

如果雇用员工,在起步阶段创业者就要支付给员工工资。计算流动资金时,要计算用于发工资的钱,通常用每月工资总额乘以还没达到收支平衡的月数就可以计算出来。

(四)租金费用

正常情况下,企业一开始运转就要支付企业房产或地产。如果创业者购买房产、自建房产或在家创业,那么就不需要考虑租金费用了,因为购买房屋或自建房产的费用属于投资范畴。通常情况下,大多数企业为降低资金投入,会采取租赁房产的形式经营。创业者可以用月租金额乘以还没达到收支平衡的月数,计算出流动资金中用于房产租赁的金额。创业者还要考虑到租金可能一付就是一个季度或一年甚至更久,会占用更多的流动资金,此外,很多情况下还要交付一定的押金或保证金。

(五)保险费

同样,企业一开始运转,就要选择必要的保险并支付保险费,这也需要从流动资金中支出。尤其要强调的是,为员工购买社会保险是必需的。

(六)其他费用

企业在经营期间,还要支付一些其他费用,如电费、文具用品费、交通费等。

一般来说,在销售收入能够收回成本之前,小微企业事先至少要准备三个月的流动资金。为了预算更加精确,创业者必须制订一个现金流量计划。

魏亮和刘丽的创业故事(三)

魏亮和刘丽估计,企业至少要经营三个月后,才能达到收支平衡。因此,他们必须准备这三个月企业运转的资金。他俩准备再请一个人帮刘丽冲泡奶茶,魏亮负责收银,请的人需要支付工资,按市场平均水平每月3 500元支付。虽然他俩计划这三个月不领工资,但在计算成本时,还是要把工资计算进去。

下面是他们计算出来的头三个月需要的流动资金,见表7-2。

表7-2　流动资金预测

项　　目	头三个月的费用/元
原材料	5 400
市场营销和促销费(每月300元)	900
工资(魏亮、刘丽每人每月5 000元,1名服务员,每月3 500元)	40 500
租金(全年)	36 000
保险费(全年)	600
水电费(每月500元)	1 500
电话费(每月200元)	600
宽带费(全年)	600
其他费用(每月300元)	900
流动资金总额	87 000

根据上述计算,他们头三个月所需的流动资金总额是87 000元。那么他们开办企业所需要的启动资金总额=投资总额+流动资金总额=64 280+87 000=151 280元。这个数额远远超过他们能投入的120 000元。

他们觉得这个数字不大对,流动资金的算法可能有问题:第一,两人头三个月准备不领每人每月5 000元工资,其是否应作为流动资金预测中的一项;第二,这是在假设头三个月没有任何销售收入的情况下计算出的结果,只有出没有进,不能体现资金流动情况;第三,原材料的预测可能不宽裕;第四,为了方便计算,将员工社保支出计入工资费用,这样是否合理合法;第五,有些费用可能被遗漏。在以后做现金流量计划时,他们会尽量做得更加完整和准确,以便最终确定流动资金需要量和启动资金总额。

一般来说,很多中小微企业在初创期的资金是很有限的,如何精打细算,用好启动资金,成为很多企业发展初期必须面对的问题。

初创企业如何节省开支

舍尔·霍洛维茨是一位节约型企业经营方面的专家,曾著有《草根营销:在喧闹世界里赢得瞩目》,他给初创企业的建议是坚持不懈地为企业经营节约资金。而要实现节约资金,有以下五种简单方法:

(1)购买二手设备。很少有企业真正需要崭新昂贵的家具、档案柜或者其他设备,创业者可以通过二手家具店、企业资产拍卖商,甚至是网站上的帖子来购买二手办公家具设备,节省大量资金。

(2)节省办公室租金。虽然不是每个企业都能从车库或者餐桌上起步,但是除非必要,特别是你的客户并不经常拜访的情况下,不要租用昂贵的场地。

(3)根据经营需要寻求帮助。如果你找到了真正懂行的人,用咨询的方式聘请他们服务几小时,应该是不错的主意,这样你既可以获得自己需要的建议,又不用支付全职薪水。

(4)以物易物。鲍勃经营了一家比萨店,他在重新装修时通过某易货机构采购了广告服务。他估计,每年交易价值约20 000美元的食品和服务,平均每年节约4 000美元。

(5)坚持节约型经营。明智的企业在采购时通常会"货比三家",因为节省下来的每一分钱,都可以重新放到公司当中成为投资。这样可以推动增长,带来更多机会,使现金流有更大的灵活性。

【思考练习】

练习7-1 结合魏亮和刘丽的创业故事,讨论如下问题:

1.为什么要留足能支付三个月以上的流动资金?

2.制造商的原材料与成品储存是必要的吗?是不是越多越好?

练习 7-2 估算以下创业案例的启动资金。

以校园周边早餐店为例,试估算其启动资金需要多少,完成下面的表格,见表 7-3。

表 7-3 启动资金估算表

早餐店名称:					
序　号	项　目	投资预测/元	序　号	项　目	三个月流动资金预测/元
1			1		
2			2		
3			3		
4			4		
5			5		
6			6		
7			7		
8			8		
9			9		
10			10		
11			11		
12			12		
⋮			⋮		
投资总额			流动资金总额		

第二节　创业资金筹集渠道

【理论基础】

创业者,尤其那些刚刚起步或所处行业并不吸引人的创业者,寻找外部资金支持的确困难。银行不愿意贷款给初创企业,创业投资家又总是在寻求大笔交易,私人投资者越来越小心谨慎,而公开上市只青睐一小部分有良好成长业绩的"明星企业"。虽然创业活动并不都需要大量资金,但缺乏必要的启动资金还是成为创业路上的障碍。因此,创业启动资金的筹集成为创业过程中最大的难题之一。

根据世界银行所属的国际金融公司（IFC）曾对北京、成都、顺德、温州四个地区的私营企业进行的调查表明，我国私营中小企业在初始创业阶段几乎完全依靠自筹资金，90%以上的初始资金都是由主要的业主、创业团队成员及家庭提供的，而银行、其他金融机构贷款所占的比重很小。由此可见，大多数初创企业筹集资金的渠道较少，筹资方式较为单一，大部分资金还是来源于创业团队，对风险投资和政府创业资金的使用较少。因此，创业者在创业之前一定要了解资金筹集的渠道，合理安排资金的筹集方式，整合资源，在较低资金成本的基础上提高成功筹集资金的概率。

一、个人积蓄

个人积蓄是创业筹资最根本的渠道，几乎所有的创业者都向他们新创办的企业投入了个人积蓄。这不仅因为从资金成本或企业控制权的角度来说，个人资金成本最为低廉，而且还因为创业者在试图引入外部资金时，外部投资者一般都要求企业必须有创业者的个人资金投入其中。个人积蓄的投入对创业企业来说具有非常重要的意义：首先，创业者个人积蓄的投入，表明了创业者对项目前景的看法，只有当创业者对未来的项目充满信心时，他才会毫无保留地向企业中投入自己的积蓄；其次，将个人积蓄投入企业，是创业者日后继续向企业投入时间和精力的保障，投入企业的积蓄越多，创业者越会在日后的生产经营过程中对企业更加关注；再次，个人积蓄的投入是对债权人债权的保障，由于在企业破产清算时，债权人的权益优于投资者的权益，因此，企业能够融到的债务资金一般以投资者的投入为限，创业者投入企业的初始资金是对债权人债权的基本保障；最后，个人积蓄的投入有利于创业者分享投资成功的喜悦。因此，准备创业的人，应从自我做起，较早地将自己收入的一部分储蓄起来，作为创业储备资金。

创业者可以通过转让部分股权的方式从合伙人那里取得创业资金，创办合伙企业；或通过公开或私募股权的方式，从更多的投资者那里获得创业资金，成立公司制企业。将合伙人或股东纳入自己的创业团队，利用团队成员的个人积蓄是创业者最常用的筹资方式之一。就中国现状而言，家庭作为市场经济的三大主体之一，在创业中起到重要的支持作用。以家庭为中心，形成的亲缘、地缘、商缘等为经纬的社会网络关系，对包括创业筹资在内的许多创业活动产生重要影响，因此，创业者及其团队成员的家庭储蓄一般归入个人积蓄的范畴。

对许多创业者来说，个人积蓄的投入虽然是新企业筹资的一种途径，但并不是根本性的解决方案。一般来说，创业者的个人积蓄对于新创企业而言，总是十分有限的，特别是对新创办的大规模企业或资本密集型的企业来说，几乎是杯水车薪。

二、亲友借贷

对于新创企业来说，除了个人和家庭积蓄之外，身边亲朋好友的资金也是常见的资金来源之一。

亲朋好友由于与创业者个人的关系而愿意向创业企业投入资金，但是，一旦企业经营失败，容易出现"借钱伤感情"的尴尬局面。因此，创业者在向亲友筹资之前，需要仔细考虑这一行为对亲友关系的影响，尤其是创业失败后的艰难困苦。要将日后可能产生的有利和不利方面告诉亲友，尤其是创业风险，以便将未来出现问题时对亲友的不利影响降到最低。

需要注意的是，在向亲友筹资时，创业者必须用现代市场经济的游戏规则、契约原则和法律形式来规范筹资行为，保障各方利益，减少不必要的纠纷。第一，创业者一定要明确所筹集资金的性质，据此确定彼此的权利和义务。若筹集的资金属于亲友对企业的投资，则属于股权筹资的范畴；若筹集的资金属于亲友借给创业者或创业企业的，则属于债权筹资。由于股权资本自身的特性，创业者对亲友投入的资金可以约定其在创业企业所占股权及收益权比例，不必承诺日后经营过程中形成利润的分配比例和具体的分红时间；但对从亲友处借入的款项，一定要明确约定借款的利率和具体的还款时间。第二，无论是借款还是投资款项，创业者最好能够通过书面的方式将事情确定下来，以避免将来可能的矛盾。

三、合伙人投资

第五章我们讲过，组建优势互补的创业团队，合伙人也是一个重要的选择。如果你万事俱备，只欠资金，又有志同道合的合作伙伴愿意携资金加入，那将会极大地推进你们的创业进程。

四、赊购

企业通常希望可以从供应商那里赊购原材料，一般来讲这并不容易，因为没有哪个供应商愿意在不确定的情况下提供赊购交易，尤其是针对初创企业。

五、银行贷款

银行或其他金融机构是正规的金融部门，它们发放贷款时有严格的审批条件和审查程序。

一般情况下，银行或其他金融机构会要求你有贷款抵押品或质押品，如房产、汽车、银行存单、有价证券等。如以私人房产作抵押，你还要办理房产价值评估以及公证等手续。而且，银行或其他金融机构为了降低风险，一般不会按抵押品的实际价值向你发放贷款。如果你的企业经营失败，你将失去这些个人资产。可见，向正规金融部门贷款是不易的，即使你有抵押品，它们还是会提出不同利率和贷款条件。

六、相关金融机构贷款

在金融业发达的今天，除了银行，还有很多其他相关金融机构可以提供贷款服务，如支付宝、微信等。但这里要特别提醒大家相关的风险：一些不法金融机构的高息借贷，可能令你的企业负担沉重，甚至陷入利滚利的泥潭；更有甚者，一些不法分子打着借贷的名义对创业者实施欺诈勒索。

七、天使投资

天使投资主要面向初创期和种子期的企业，是指个人出资协助具有专门技术或独特概念却缺少自有资金的创业者进行创业，并承担创业中的高风险和享受创业成功后的高收益；或者是自由投资者或非正式风险投资机构对原创项目构思或小型初创企业进行的前期投资，是一种非组织化的创业投资形式。天使投资人一般不参与管理，投资金额较小，对创业项目的审查不太严格且不涉足投资人不熟悉的行业，大都基于投资人的主观判断或喜好而做出投资决定。很多天使投资是通过朋友、亲戚或社交圈介绍达成的。所以，想获得天使投资的创业者首先要对自己和创业项目充满信心，并要有能获得该资金的人脉关系，而且还要为此准备好企业运营和财务方面的信息和数据。

八、风险投资

风险投资也称为创业投资。其投资对象一般是具有高科技、高成长潜力的企业。风险投资一般金额较大，不需要抵押，也不需要偿还，投资方式通常是以投资换股权，投资的目的不是控股，而是追求超额回报。当被投资企业增值后，风险投资人会通过上市、收购兼并或其他股权转让方式撤出资本，实现增值。

风险投资人对目标企业的考察较为严格，选择投资对象时非常看重创业团队、项目的市场规模和赢利模式。因此，创业者要提高获得风险投资的概率，需要了解风险投资项目选择的标准。

九、从政府部门获取资金支持

目前，为鼓励创业，国家已经制定出台多种相关法规和优惠政策，创造了较为宽松的创业环境。其中，人力资源和社会保障部专门制定政策，为创业人员提供创业担保贷款；科学技术部为高校科技人员和学生科技创业提供专项资金；农业农村部为农业创业项目提供农业扶持资金等。例如，上海、武汉、青岛、南昌、合肥等地的应届大学毕业生创业可享受无偿贷款担保的优惠政策，自主创业的大学生，向银行申请开业贷款的担保额度最高可为 100 万元，并享受贷款贴息。

【思考练习】

练习 7-3　阅读以下案例回答问题。

广东久邦数码科技有限公司筹资记

广州久邦的两位创办人邓裕强和张向东曾是北京大学信息管理系的同班同学。两人在上大学时就是好朋友，都不是"安分"的人，上大二时两人就曾一起卖过羽绒服。大学毕业后，邓裕强回到广东，因为在编程方面的突出才能，很顺利地成为东莞电信部门的一员，但是不甘居于人下的他不久就偷偷创办了一家为互联网提供内容服务的SP（结构化编程）公司。这家公司为邓裕强带来了不错的收入，好的时候，一个月有10多万元的利润。而张向东毕业后，则进入广东的一家杂志社当了一名编辑。2003年，邓裕强感觉做SP已经没有太大的前途：一是竞争太激烈；二是政府管制越趋严厉。他想转向做网络游戏，但是觉得自己在做网络游戏方面并无优势，而且开发网络游戏的巨大投入也非他的小本投资所能胜任。于是，他将目光瞄向了无线上网和无线增值服务。当年9月，他在原有那家SP公司之外，又成立了一家新公司。这时，大学时代的好朋友张向东也厌倦了传媒人的生活，投奔而来。邓裕强做事很细致，在他和张向东成立久邦科技以后，过了半年多时间，直到2004年3月16日，邓裕强觉得万事俱备，他们的"3G门户网站"才正式宣布开张。两人的目标都很宏伟：一是想做国内最大的无线互联网门户网站；二是想做国内最出色的无线互联网服务运营商。然而，他们的钱实在太少，根本不足以支持他们雄心勃勃的创业计划。两人只能在广州石牌西的一个简陋的商住两用楼里租两间屋子办公。公司成立后很长的一段时间里，只能靠邓裕强原来的那家SP公司产生的现金流维持公司运转。在媒体待过的张向东将目标瞄准了风险投资，并动用了在媒体工作时结识的一些朋友，为他介绍关系，但是所有的风险投资商几乎都不愿听完他们的介绍，一听到只是那么小的一家公司，无一例外都将脸转了过去，没有人对他们感兴趣。那时候几乎没有人看好他们的生意，大家共同的结论就是"烧包"，等着看他们失败的下场。对于邓裕强和张向东来说，事情到了这份儿上，两人也没了办法，靠着一份热爱，勉强将他们的"3G门户网站"维持下去。

虽然从生意上来说，两人是赔本赚吆喝，但从情感上来说，两人都从自己的"3G门户网站"获得了许多意外的快乐。因为是自己的网站，也没想着赚钱（事实上当时也赚不着钱），两人随心所欲地发展网站。他们的"3G门户网站"，免费向用户提供新闻阅读，免费提供图片下载，免费提供铃声下载，免费提供手机游戏下载，免费提供手机电子图书下载……和其他网站到处都要钱的做法迥然不同。在邓裕强和张向东的"3G门户网站"上，一切都是免费的。他们还在网站上为用户建了庞大的虚拟社区，用户可以在这个移动的模拟世界里聊天交友，请客吃饭，甚至结婚生子。不循常规的营销带来了意想不到的结果，有一天，两人突然发现他们的"3G门户网站"同时在线的人数超过了10 000人。一年后，他们的"3G门户网站"已经成为继中国移动和中国联通两大电信运营商站点外最大的一家无线互联门户网站，其注册用户已经接近200万人，而且还在以每天超过万人的速度增长。据估计，整个国内，活跃的移动互联网用户不超过800万人。2004年在有关机构主办的"中国移动互联网第一次大型调查"中,邓裕强和张向东的"3G 门户网站"成了国内"最受欢迎的 WAP(无线应用协议)网站"。

就在两人沉迷于自娱自乐,不再想着怎么赚钱,怎么筹资,能撑一天是一天,撑不下去再说的时候,忽然有一天,风险投资商却不请自来。先是一两个,然后越来越多,最后 IDG 出面了。

IDG 来自美国,是国内目前最活跃,同时也是经验最丰富,对项目最为挑剔的风险投资商之一。两人都听过 IDG 的大名,既然人家邀请,希望见面谈一谈,那就去吧。两人到了 IDG,坐下来谈了 20 多分钟,把自己的想法说了说,把网站目前的情况说了说,特别声明网站目前尚未赢利,暂时也无赢利计划。他们没有提交商业计划书,也没有提交任何书面的东西,更没有做出任何承诺或许诺,会谈就结束了。但是,两人刚回到公司,就接到了 IDG 的电话,说下午公司有两位负责人想到他们的公司看一看。当天下午,IDG 的两位负责人来到久邦,随身带着一部可以上网的手机,问他们的网站能提供什么样的服务。他们一边说,IDG 的两位负责人就一边试,试完了,又与他们两人简单谈了几句。2004 年 12 月 30 日,IDG 与久邦签订了投资协议。随后钱就到账了,这是 IDG 对广州久邦的第一笔投资,金额为 200 万美元。而且 IDG 放下话,邓裕强和张向东随时需要钱,IDG 愿意随时增加投资,金额可以由他们定。想起这些事,邓裕强和张向东至今都觉得好像在做梦。在他们日思夜想寻找投资,千方百计追求风险投资商的时候,那些风险投资商连正眼也不愿看他们一眼;当他们放弃追逐,对风险投资不再抱希望的时候,风险投资商却争先恐后地挤上门来。

邓裕强和张向东获得资金的渠道有哪些? 试分析他们为什么一开始不受投资人青睐,后来又能融资成功? 你从上述故事中,可以学到哪些经验?

【本章小结】

计划开办一家企业时,你要计算一下需要的启动资金总额,这笔钱将用于以下两个方面:

(1)投资:是指创业者为开办企业而购置的固定资产和无形资产,以及支付开办费和其他投入的资金总和。

(2)流动资金:是指企业日常运转所需要支出的资金。

创业者需要确定开办企业所需的启动资金额。如果需要贷款,请认真考虑筹集这笔钱的渠道。对于大多数新开办的小微企业而言,启动资金主要来源于企业主自己的积蓄。筹集资金时,创业者要有恒心和决心,重要的是要修改好你的创业计划。

【课后实践】

调查并预估你的启动资金

1.假如你是一位即将毕业的大学生,准备开始自己的创业之旅,结合本章介绍的内容,估算一下需要多少启动资金,并拟订一份融资计划,要求如下:

(1)预测你的企业的启动资金,见表7-4。

表7-4　启动资金估算表

序　号	项　目	投资预测/元	序　号	项　目	三个月流动资金预测/元
1			1		
2			2		
3			3		
4			4		
5			5		
6			6		
7			7		
8			8		
9			9		
10			10		
11			11		
12			12		
⋮			⋮		
投资总额			流动资金总额		

（2）列出可能寻求的主要融资渠道。

（3）你所在的城市、大学或你计划投入的行业是否有对创业活动的扶持政策,请尽力搜集这些信息,讨论哪些可能为你提供创业资金。

2. 调查一家你即将开办的企业的同类型企业,看看他们的启动资金是多少? 他们的资金来源是怎样的?

第八章 规划资金运作

企业的核心目标是赢利,但在企业新创之初的几个月里,许多新企业都不会赢利。从销售当中获取的收入需要一定时间才能显现出来。在这段时间里,企业是十分脆弱的,创业者必须密切关注企业的财务状况,规划好资金的运作,避免企业出现资金短缺。本章我们将在第七章预测启动资金的基础上,继续学习资金运作的相关知识,更好地实现企业赢利的目标。

【学习目标】

1. 掌握计算产品成本和制订价格的方法并制订自己的产品价格;
2. 掌握预测销售收入的方法并计算、预测自己的销售收入;
3. 学习制订利润计划的方法,并制订自己的利润计划;
4. 学习制订现金流量计划的方法,并制订自己的现金流量计划。

【案例导读】

巨人的兴衰

1989 年 8 月,深圳大学软件科学管理系硕士毕业的史玉柱和三个伙伴用借来的 4 000 元承包了天津大学深圳科技工贸发展公司电脑部。1991 年 4 月,成立珠海巨人新技术公司,迈开巨人的第一步。1993 年 7 月,巨人集团下属全资子公司已经发展到 38 个,是仅次于四通公司的中国第二大民营高科技企业。1994 年年初,号称中国第一高楼的巨人大厦一期工程动土。同年,史玉柱当选为"中国改革风云人物"。但 1997 年年初,巨人大厦只完成了首层大堂便停工,各方债主纷纷上门,巨人集团的资金链断裂,负债 2.5 亿元的史玉柱黯然隐退。

究其原因,巨人集团的失败突出表现在财务管理上。1996 年 7 月,巨人集团监事会主席周良正在一份报告中指出,巨人集团出现各类违法乱纪、挪用公款事件,几十万元甚至上百万元资产在阳光照不到的地方流失了。巨人集团财务运作日益窘迫,营销状况衰势尽现,员工士气不振。在整体状态疲弱的情况下,公司财务管理陷于混乱。公司财务之乱,源于巨人没有有效的财务管理和控制措施,而漏洞百出的口头管理制度,最终致使企业的资金流无法保证正常运转。

资金是企业的血液,不知道自己有多少实际血液的企业大多好景不长。巨人集团财务之乱,还表现在坏账率的控制上。当巨人集团出现危机的时候,一度只差 2 000 万元的资金周转就能渡过一关,可当时未到的应收账款竟然高达 3 亿元。其中 2 亿元是由管理不善造成的,1 亿元是因为意外。

巨人集团坏账率高的原因在于巨人货款控制的失误。巨人的货款是赊销的,侵吞集团资金便从这里开始。公司控制无方,也加快了巨人集团衰退的步伐。

在中国的企业家中,几乎没有比曾经的史玉柱更为失败的企业家了。但"失败是成功之母",重新站起来的史玉柱又将巨人带到了一个前所未有的高度。1997 年,史玉柱带领旧部开始研制"脑白金",负债重新创业。1999 年,成立上海健特(Giant 的音译)生物科技有限公司。2001 年,成立上海黄金搭档生物科技有限公司,史玉柱当选为"CCTV 中国经济年度人物"。2004 年,成立上海征途网络科技有限公司。2006 年,在开曼群岛注册巨人网络科技有限公司。2007 年,更名为巨人网络集团,在全球规模最大、历史最悠久的纽约交易所挂牌上市,成为中国登陆美国最大 IPO 的民营企业。

由于老巨人的失败经验,史玉柱自称变成了"完全的保守主义者",为自己制订了"铁律":必须时时刻刻保持危机意识,随时防备最坏的结果,让企业永远保持充沛的现金流,始终将现金流放在第一位。新巨人最在乎的事情就是公司的现金流和时刻保持财务健康(负债率维持在 5% 的标准上)。

当脑白金这一产品启动后,为了杜绝可能导致的财务风险,史玉柱只设置了没有独立财务权的办事处,并在项目中采取了款到提货、多人信用担保、多级纠察等控制措施,创下了保健品行业零坏账的记录,加快了现金周转速度,杜绝了分公司人员携款潜逃、造成坏账的可能。在充沛的现金流的保证下,新巨人得以不断做强、做大。同时,史玉柱采用纯粹提成制来控制费用。这种以财务控制为核心的管理方法保证了脑白金的资金周转,杜绝了巨人大厦那样的问题。

（资料来源:编者根据相关资料整理,仅供教学使用）

研讨主题:

有人说,现金流是企业的血液。你对这句话怎么理解,试以上述案例中的巨人公司为例分析现金流对企业的影响。

第一节　制订销售价格

【理论基础】

在制订产品的销售价格之前,创业者要计算产品的成本。成本是生产产品或提供服务所发生的各项费用。此外,每个企业都会有成本,作为创业者,必须详细了解企业的经营成本。

很多企业就是因为没有能力控制好企业的经营成本而陷入财务困境。一旦成本大于收入,企业就会亏损,长期亏损对企业资金链的危害很大,企业可能会面临倒闭的风险。

创业者要准确地制订产品的销售价格,主要有以下几种方法。

一、成本加成定价法

(一)成本加成定价法的概念

将生产某种产品或提供某项服务而发生的全部费用加起来,就是成本价格。在成本价格的基础上加上一定的利润百分比就是销售价格。

这种定价方法是企业最常用、最基本的定价方法。

其计算公式为:

$$单位产品价格=单位产品成本+单位产品成本×成本利润率$$

利润的多少通常依据一定的成本利润率计算。确定合理的成本利润率非常关键,创业者必须综合考虑市场环境、行业特点等多种因素。这种方法尤其适用于制造企业。

(二)成本的计算方法

如果企业经营有效,成本不高,用这种方法制订的销售价格在当地应该是具有竞争力的。但是,如果企业经营不好,产品的成本可能会比竞争对手高,这就意味着成本加成定价法制订的价格会偏高,不具有竞争力。

成本加成定价法的一般步骤:

1. 了解生产产品或提供服务的成本构成

列出成本构成的相关项目:如原材料、办公用品购置费、包装费、手续费、工资和员工福利、借款利息、租金、宽带费、促销费、差旅费、保险费、业务招待费、维修费、运输费、水电费、咨询费、电话费、不可预见的其他费用……

成本根据其总额与业务量的关系,可以划分为固定成本和变动成本。

固定成本是在相关范围内成本总额不随业务量变化而变化的成本(如租金、行政管理人员的工资、办公费、财产保险费等)。但是,相关范围内单位固定成本会随着业务量的提高而降低,如随着服装产量的增加,单位服装分摊的折旧费等会相应减少;又如随着生意的火爆,早餐店单份早餐的成本会相对下降等。

变动成本是在一定的时间和业务量范围内,成本总额随着业务量变化而成正比变化的成本(如原材料费、产品包装费、按件计酬的工人薪金等)。但是,只是在相关范围内单位变动成本保持不变,如相同型号的一件衬衣使用的布料成本会保持不变。

由于固定成本和变动成本的特性不同,企业在成本管理上的方法也不同。借由工艺改进、产品结构改变或效率提高,比如机器人代替人工、长袖衬衣改为短袖衬衣等方法可能会降低直接人工或直接材料的成本,降低单位变动成本。固定成本却需要从充分利用生产能力的角度来管理,在有市场需求的情况下通过提高产量降低单位产品负担的固定成本。

预测成本时,创业者必须认真区分固定成本和变动成本。材料成本永远属于变动成本。如果还有其他变动成本,创业者必须知道这些成本是怎样随着生产量或销售量的起伏而变化的。

2. 折旧和摊销也是一种成本

折旧是由于固定资产在使用过程中不断贬值而产生的一种成本,如机器、工具和车辆等的折旧。折旧虽然不是企业的现金支出,但仍然是一种成本。

由于折旧是针对固定资产而做的,因此,创业者只需要计算固定资产的折旧价值。在大多数小微企业里,能够折旧的物品为数不多。

表8-1是我国税法规定的不同类型固定资产折旧的最低年限,适用于大多数小微企业。

表8-1 我国常用的固定资产最低折旧年限参照表

固定资产类型	折旧的最低年限/年
房屋、建筑物	20
机器、机械和其他生产设备	10
器具、工具和家具	5
飞机、火车、轮船以外的运输工具	4
电子设备	3

我国税法规定的折旧年限,只是各种类型固定资产的最低折旧年限。企业可以根据固定资产的属性和使用情况,在比规定的最低折旧年限更长的时限内计提折旧。

摊销是除固定资产外,其他长期使用的资产按照其使用年限每年分摊的一种成本,与固定资产折旧相似,如无形资产摊销、装修费摊销、转让费摊销等。

魏亮和刘丽的创业故事(四):预测折旧和摊销

魏亮和刘丽分析了一下,他们开办的企业中可以进行折旧的固定资产实在不多,就是设备、桌椅及工作台等,因为使用寿命不一样,它们的折旧年限也不一样。

他们认为,花费4 000元搭建的吧台不出5年得拆掉,因此,吧台按5年折旧;桌椅花费了3 200元,5年后也得更换;基本设备如操作台、净水器以及电子设备,使用频率高,损耗大,估计使用3年就得更换,这些设备花费了17 280元。另外,他们听说装修费也能按这种办法摊进成本,他们商量后将装修费定为5年回收。

吧台、桌椅折旧费 = (4 000+3 200)÷60 = 120(元/月)

基本设备、电子设备折旧费 = (6 770+10 510)÷36 = 480(元/月)

前期装修费摊销 = 36 000÷60 = 600(元/月)

这样算下来,第一年提留固定资产折旧费和前期装修费摊销为 1 200 元/月。这是魏亮和刘丽根据情况预测的折旧期,他们也不知道是否合理,能否得到税务部门的认可。

他们决定到税务局去咨询。税务局接待人员告诉他们,他们对于折旧年限的计算是正确的,在做企业计划时,这样处理折旧和摊销也是可行的。另外,现行税法还规定,企业应对固定资产预计残值,对开办费可以选择在经营当年一次性扣除或在不短于 3 年期限内摊销。

3.计算单位产品或服务的成本

要计算出生产产品或提供服务的月总成本,再除以当月生产的产品数量,就能得出生产产品或提供服务的单位成本。

采用成本加成定价法计算价格时,对成本的确定是在假设销售量达到某一水平的基础上进行的。因此,若产品或服务销售出现困难,则预期利润很难实现。

成本加成定价法,其最核心的问题是成本的计算,这种方法可以帮助创业者梳理自己的成本。这种方法也有它的局限性,忽视了消费者在购买商品时的思维:他们所能承受的价格很大程度上取决于择优选择和产品所能提供的价值,而非制造成本,就如同下雨的时候人们愿意接受比平日更高的雨伞价格一样。成本加上利润率的定价方式将会遗漏很多提升价格和利润的时机。

二、竞争参照定价法

竞争参照定价法是确定价格的另外一种方法。它是指根据不同的竞争环境,参照竞争对手的价格,并以此为基准价来确定本企业产品或服务的价格。

实际上,创业者可以同时用成本加成定价法和竞争参照定价法这两种方法来制订价格。一方面,严格核算产品或服务的成本,保证定价高于成本;另一方面,随时观察竞争对手的价格,并与之比较,以保证自己的价格有竞争力。

记住,要比较同类价格,例如不要拿制造商的销售价格和商店的零售价格进行比较。

在制订价格时,有一件事对于创业者来说可能是难以预料的,也就是竞争对手对新企业的反应。有时,当一家新企业进入市场时,竞争对手的反应是很激烈的,也许会压低价格,使新企业难以立足。所以,即使创业者的企业计划做得很完备,也总会面临一些难以预期的风险。

优化定价策略的前提是摸清不同消费者的需求心理,捕捉他们对产品的心理估值。因为定价策略归根结底是为消费者提供多元化的自我选择机制,也就是说,让价格本身担负起诱导者和谈判者的角色。

【思考练习】

练习 8-1 阅读案例完成问题。

创业咖啡厅

小王和小张是某高校的大二学生,他们租用了一间学校的空房开了间"创业咖啡厅"。咖啡厅每月的租金 1 200 元,装修费用 5 000 元,咖啡厅拥有一台价值 16 000 元的咖啡机,3 800 元的咖啡桌椅和一个小展示柜,1 800 元的咖啡壶,2 400 元的咖啡杯。

咖啡厅每天开业 6 小时,由两人轮流值班,每天平均可以出售 80 杯原味咖啡,每杯 30 毫升的原味咖啡售价 8 元。中等价位的咖啡豆平均 75 元/袋,每袋可磨制 40 杯咖啡,调制咖啡的独立包装的白砂糖 0.3 元/袋,咖啡机及桌椅的使用年限为 2 年,咖啡壶和咖啡杯为易耗品,使用年限按 1 年计算,装修费按 1 年摊销,创业者每人每天的工资为 60 元。

试计算每杯原味咖啡的成本。

第二节　预测企业利润

【理论基础】

企业的核心目标是赢利,从数学逻辑的角度上讲:利润＝收入－成本。上一节内容我们对企业的成本做了相关的计算,接下来,我们将学习如何预测企业利润。

一、预测销售收入

销售收入预测的一般步骤如下：

(1)列出你的企业推出的所有产品或服务项目。

(2)预测开业后的每个月每项产品或服务的销售数量,销售预测的精准性非常重要。

(3)用你制订的销售价格乘以月销售量来计算每项产品或服务的月销售收入。

魏亮和刘丽的创业故事(五):预测销售收入

魏亮和刘丽打算在寒假结束后的 3 月开办企业。他们计划正常情况下每月生产 4 500 份奶茶。但在头三个月,他们计划的生产量要小得多,分别是 1 500 份、1 800 份和 2 100 份。当然,这项计划也可能不准确。在高校附近的商业街卖奶茶有季节性特点,气候炎热或寒冷的时候卖得多一些,要靠大力促销才能完成计划。他们预测当年销售收入情况见表8-2。

表8-2　年销售收入预测表

项　目	3 月	4 月	5 月	6 月	7 月	8 月	9 月	10 月	11 月	12 月	合　计
销售数量/份	1 500	1 800	2 100	3 000	2 400	2 400	4 500	4 500	4 500	4 500	31 200
销售单价/元	10	10	10	10	10	10	10	10	10	10	100
含税销售收入/元	15 000	18 000	21 000	30 000	24 000	24 000	45 000	45 000	45 000	45 000	312 000

预测销售量和销售收入是创业计划中非常重要,也是难度较大的部分。多数初创者会过高估计自己的销售量。因此,在预测销售量和销售收入时不要太乐观,要切合实际。千万要记住,在开办企业的头几个月里,销售收入往往不会太高。

二、预测利润

利润计算公式为:

$$利润=收入-成本$$

魏亮和刘丽的创业故事(六):制订利润计划

魏亮和刘丽基于自己所做的成本预测和销售收入预测来制订当年的利润计划。他们降低了计划中头三个月的原材料成本,因为这三个月的生产量和销售量都低于原先估计的每月4 500 份。他们还计划在头三个月里不拿工资,但为了准确计算利润,在制订销售与成本计划时工资和折旧费等仍需计入成本,并且他们还将保险费和宽带费等平摊在一年的各月之中。

他们制订的利润计划见表8-3。

表8-3 利润计划表

项 目		3月	4月	5月	6月	7月	8月	9月	10月	11月	12月	合 计
销售	含税销售收入	15 000	18 000	21 000	30 000	24 000	24 000	45 000	45 000	45 000	45 000	312 000
	增值税	—	—	—	—	—	—	—	—	—	—	—
	销售净收入	15 000	18 000	21 000	30 000	24 000	24 000	45 000	45 000	45 000	45 000	312 000
成本	原材料	1 500	1 800	2 100	3 000	2 400	2 400	4 500	4 500	4 500	4 500	31 200
	经理工资	10 000	10 000	10 000	10 000	10 000	10 000	10 000	10 000	10 000	10 000	100 000
	员工工资	3 500	3 500	3 500	3 500	3 500	3 500	3 500	3 500	3 500	3 500	35 000
	租金	3 000	3 000	3 000	3 000	3 000	3 000	3 000	3 000	3 000	3 000	30 000
	促销费	300	300	300	300	300	300	300	300	300	300	3 000
	保险费	50	50	50	50	50	50	50	50	50	50	500
	水电费	500	500	500	500	500	500	500	500	500	500	5 000
	电话费	200	200	200	200	200	200	200	200	200	200	2 000
	宽带费	50	50	50	50	50	50	50	50	50	50	500
	其他费用	300	300	300	300	300	300	300	300	300	300	3 000
	开办费	300	300	300	300	300	300	300	300	300	300	3 000
	折旧和摊销	1 200	1 200	1 200	1 200	1 200	1 200	1 200	1 200	1 200	1 200	12 000
	总成本	20 900	21 200	21 500	22 400	21 800	21 800	23 900	23 900	23 900	23 900	225 200
附加税费		—	—	—	—	—	—	—	—	—	—	—
利润		−5 900	−3 200	−500	7 600	2 200	2 200	21 100	21 100	21 100	21 100	86 800
个人/企业所得税												
净利润												

税金和利润的计算比较复杂,魏亮觉得自己做利润计划不同于财务建账,最好是计算简便又能保证数字准确。魏亮专门到税务局咨询了有关增值税减免征收的规定,了解到增值税免税金额需转为营业外收入,他在开业后的会计账目中需按此记账,但是在制订销售利润计划时为了计算简便,他没有计算增值税免税季度的增值税,这样就不需要结转收入,只要确保利润计算准确即可。

下面是应纳增值税额、附加税费、利润、个人/企业所得税额和净利润的计算方法。

(1)计算增值税额。

$$应纳增值税额=含税销售收入÷(1+3\%)×3\%$$

也可以这样理解:

$$应纳税额=销售额×征收率$$

$$销售额=含税销售额÷(1+征收率)$$

根据规定,实行按季纳税的小规模纳税人季销售额不超过30万元的,免征增值税。魏亮和刘丽经过了解发现,他们短期内每月营业额很难突破10万元,所以他们暂时无须缴纳增值税。

(2)计算附加税费。

根据规定,教育费附加和城市维护建设税是以增值税为基础的,因为魏亮和刘丽本年度的增值税为0,所以不需要缴纳附加税费。他们了解到,即使未来要缴纳,费用也非常低,所以他们暂时不做过多考虑。

$$应纳城市维护建设税=应纳增值税额×7\%$$

$$应纳教育费附加=应纳增值税额×3\%$$

(3)计算利润。

$$利润=含税销售收入-应纳增值税额-附加税费-总成本$$

(4)计算个人/企业所得税额。

魏亮和刘丽了解到,个人/企业所得税和他们注册的企业法律形态挂钩,如果是交个人所得税,需要按超额累进税率缴纳;如果是企业所得税,则按照小型微利企业优惠税率20%缴纳;但魏亮和刘丽听说大学生创业好像有很多税收优惠政策,他们决定暂时搁置,稍后向相关部门咨询清楚再做计算。

(5)计算净利润。

$$净利润=利润-应纳个人/企业所得税额$$

在利润计划中,创业者既能看到销售收入也能看到成本,而且可以清楚地知道企业不同时期的盈利。计划开办一家企业时,创业者应该预测至少第一年中每个月的利润。

【思考练习】

练习 8-2　结合《魏亮和刘丽的创业故事(六):制订利润计划》,我们发现他们的奶茶店前面三个月利润为负值,你怎么看这种情况?

第三节　制订现金流量计划

【理论基础】

一、现金流的重要意义

据某国外文献记载,破产倒闭的企业中有 85% 以上的企业是赢利情况非常好的。1998

年,亚洲金融危机来临之时,新加坡一家资产达几亿新元的建筑公司,仅仅因为欠另一家建筑公司35万新元的债务,缺少现金无法支付,结果被告上法院而导致破产清算,印证了商界一句话:"最后一根稻草压死一峰骆驼。"

《中华人民共和国破产法》第二条明确规定:"企业法人不能清偿到期债务,并且资产不足以清偿全部债务或者明显缺乏清偿能力的,依照本法规定清理债务。"所以,企业可能不会由于经营亏损而破产清算,却常常会因为资金断流而倒闭。

现金就像能使企业这台发动机运转的燃料,有些企业主缺乏管理现金流量的能力,导致企业经营中途抛锚。现金流量计划中很明确地显示出每个月预计会有多少现金流入和现金流出。现金流量计划中的现金指企业的库存现金、可以随时用于支付的存款以及现金等价物,其中,现金等价物一般指自购买之日起三个月到期的短期债券,它们必须能够轻易地转化为已知数额的现金。而企业作为短期投资而购入的可流通的股票,尽管期限短,变现的能力也很强,但由于其变现的金额并不确定,价值变动的风险较大,因而不属于现金等价物。

二、制订现金流量计划

大多数企业每月都要收取和支付现金,成功的企业主都要制订现金流量计划。制订现金流量计划将帮助创业者清楚了解企业现金动态,以方便企业做决策。当然,制订现金流量计划绝非易事,会受到很多因素的影响,如以下几方面:

(1)有些时候出于开拓市场的需要,会允许客户赊账,这样一来,企业通常要在一段时间后才能收回现金。

(2)企业采购过程中有时会赊账,以后再付现金,这也会使现金流量计划的制订变得更加复杂。但赊购现象在新企业中不太常见,因为供应商也要考虑自身的风险。

(3)企业的某些费用是非现金形式的,如设备折旧等,这些项目将不被列入现金流量计划。但是,一旦设备折旧期已过,设备就可能丧失功能,创业者就必须用现金购买新设备。如果创业者没有考虑到这个因素,没有提前备足现金,企业可能就难以正常运转。

(4)一些特别情况的干扰,如2020年突如其来的新冠疫情,很多企业出现现金流压力。所以,企业在做现金流量计划的时候,要时刻关注现金动态,留有适度空余,防患于未然。

魏亮和刘丽的创业故事(七):制订现金流量计划

魏亮和刘丽计划新年过后立即开始装修,开始购买桌椅、冰柜、封口机等设备。根据之前的销售预测情况,他们制订出现金流量计划,见表8-4。

表8-4　现金流量计划表

项目		2月	3月	4月	5月	6月	7月	8月	9月	10月	11月	12月	合计
月初现金		0	19 720	17 220	18 620	22 720	34 920	41 720	48 520	74 220	99 920	125 620	—
现金流入	现金销售	—	15 000	18 000	21 000	30 000	24 000	24 000	45 000	45 000	45 000	45 000	312 000
	赊账销售	—	0	0	0	0	0	0	0	0	0	0	0
	贷款	—	0	0	0	0	0	0	0	0	0	0	0
	股东投资	120 000	—	—	—	—	—	—	—	—	—	—	120 000
	现金流入合计	120 000	15 000	18 000	21 000	30 000	24 000	24 000	45 000	45 000	45 000	45 000	432 000
现金流出	现金采购	—	1 500	1 800	2 100	3 000	2 400	2 400	4 500	4 500	4 500	4 500	31 200
	赊账采购	—	0	0	0	0	0	0	0	0	0	0	0
	经理工资	—	10 000	10 000	10 000	10 000	10 000	10 000	10 000	10 000	10 000	10 000	100 000
	员工工资	—	3 500	3 500	3 500	3 500	3 500	3 500	3 500	3 500	3 500	3 500	35 000
	租金	36 000	—	—	—	—	—	—	—	—	—	—	36 000
	促销费	—	300	300	300	300	300	300	300	300	300	300	3 000
	保险费	—	600	—	—	—	—	—	—	—	—	—	600
	水电费	—	500	500	500	500	500	500	500	500	500	500	5 000
	电话费	—	200	200	200	200	200	200	200	200	200	200	2 000
	宽带费	—	600	0	0	0	0	0	0	0	0	0	600
	其他费用	—	300	300	300	300	300	300	300	300	300	300	3 000
	固定资产投资	24 680	—	—	—	—	—	—	—	—	—	—	24 680
	开办费	3 600	—	—	—	—	—	—	—	—	—	—	3 600
	装修费	36 000	—	—	—	—	—	—	—	—	—	—	36 000
	增值税	—	—	—	—	—	—	—	—	—	—	—	—
	附加税费	—	—	—	—	—	—	—	—	—	—	—	—
	个人／企业所得税	—	—	—	—	—	—	—	—	—	—	—	—
	现金流出合计	100 280	17 500	16 600	16 900	17 800	17 200	17 200	19 300	19 300	19 300	19 300	280 680
月底现金		19 720	17 220	18 620	22 720	34 920	41 720	48 520	74 220	99 920	125 620	151 320	—

他们仔细看了一下现金流量计划，很快就发现了问题。从现金流量计划上看，年底他们可以有现金 151 320 元，但这不全是利润。此时，魏亮和刘丽对现金流量计划中的个人／企业所得税还有些疑问：到底要不要缴纳，按什么标准缴纳，是按月还是按年缴纳，有没有什么优惠政策。他们打算找相关部门咨询了再回头修改此表。

【思考练习】

练习 8-3　初创企业的现金流为什么更容易中断？

练习 8-4　利润计划和现金流量计划有何异同之处？

【本章小结】

　　企业的核心目标是赢利,而"利润＝收入－成本"。为了达到"赢利"的目标,我们需要制订产品的"价格",进而预测企业的销售收入,然后用"收入"减去"成本"的方式来看企业是否赢利,也就是企业要制订的"利润计划";此外,光有"利润计划"还不够,企业需要制订进一步的"现金流量计划",这样才能看到企业运营的实际情况,尤其是现金流的情况,保证企业的正常运转。

　　利润计划的核心目标是看企业赢利与否;而现金流量计划的目标是看企业能不能正常运营,从而赢得利润,二者是有区别的,见表8-5。

表 8-5　利润计划和现金流量计划的区别

项　　目	利润计划	现金流量计划
折旧和摊销	包括	不包括
贷款利息	包括	包括
贷款本金	不包括	包括
销售	当月有订单的记录销售(赊账和现金)	当月收到现金的记录销售

　　需要特别说明的是,对于初创企业来说,逐月预估现金流量是非常重要的。与预估销售收入一样,如何精确地算出现金流量表中的项目是一个难题。为此,在预计财务报表时需要设定各种情境,比如最乐观的估计、最悲观的估计以及现实情况估计。这样的预测既有助于潜在投资者更好地了解创业者如何应对不同的环境,也能使创业者熟悉经营的各种因素,防止企业陷入可能的困境。

【课后实践】

　　结合本章所学内容,预测你的企业一年的利润计划和现金流量计划情况,要求如下:
　　(1)预测你的企业的销售收入,见表8-6。

表 8-6　销售收入预测表

项　　目	1 月	2 月	3 月	4 月	5 月	6 月	7 月	8 月	9 月	10 月	11 月	12 月
销售数量												
平均单价/元												
月销售额/元												

　　(2)制订你的企业的利润计划表,见表8-7。

表 8-7　利润计划表

	项　目	1月	2月	3月	4月	5月	6月	7月	8月	9月	10月	11月	12月	合计
销售	含税销售收入													
	增值税													
	销售净收入													
成本	原材料（列出项目）													
	（1）													
	（2）													
	（3）													
	包装费													
	业主工资													
	员工工资													
	租金													
	促销费													
	保险费													
	水电费													
	维修费													
	电话费													
	宽带费													
	其他费用													
	办公用品购置费													
	折旧和摊销													
	总成本													
	附加税费													
	利润													
所得税	企业所得税													
	个人所得税													
	其他													
	净利润													

（3）制订你的企业的现金流量计划表，见表8-8。

表8-8　现金流量计划表

项　目		1月	2月	3月	4月	5月	6月	7月	8月	9月	10月	11月	12月	合计
月初现金														
现金流入	现金销售													
	赊账销售													
	贷款													
	企业主（股东）投资													
	现金流入合计													
现金流出	现金采购													
	赊账采购													
	包装费													
	业主工资													
	员工工资													
	租金													
	促销费													
	保险费													
	维修费													
	水电费													
	电话费													
	宽带费													
	办公用品购置费													
	其他费用													
	贷款本息													
	固定资产投资													
	开办费													
	装修费													
	增值税													
	附加税费													
	企业所得税													
	个人所得税													
	现金流出合计													
月底现金														

第九章　撰写创业计划书

创业之前,创业者需要收集和利用大量的信息,并对所有信息进行综合分析,完成创业者的创业计划书,再度判断创业者的创业项目有多大的成功机会,从而决定创业者是否应该创办这家企业。此外,即使创业者的企业已经开办,也需要不断地完善创业计划书,来赢得更多的支持。

【学习目标】

1. 了解创业计划书的重要意义和使用场景;
2. 掌握创业计划书撰写的要点并制作自己的创业计划书;
3. 了解论证创业计划书的基本途径并改进自己的创业计划书。

【案例导读】

一份好的创业计划书,相当于成功了一半

一份好的创业计划书相当于创业成功了一半,这并不是一个夸张的说法,因为一份好的创业计划书不仅仅是为了拉投资而存在,它更是为了让创业者厘清自身的思路。

写创业计划书的过程,就是创业者对创业项目进行深刻剖析的过程。在这个过程中,创业者把那些听起来很棒的创意细节和数据都写下来,进行认真分析以后,才会知道它是否适合市场需求,或者是否真如创业者想象的那么乐观。

此外,创业计划书还能够让创业者和合作伙伴知道:创业者们的生意是什么、准备怎么做、发展前景如何等信息。特别是对于一些初次创业的人来说,创业计划书就相当于一个目录,详细地列举了在创业过程中可能会面临的问题,在落实创业计划时才不至于手忙脚乱,遇到问题时也能胸有成竹地应对。

小阳从公司辞职后,计划开一家小餐馆。行动之前,他大概在心里计算了一下成本和收支,又根据厨师的情况自己制作了一份菜谱,自认为没问题了,于是开始租店面准备开业。但是实际操作起来他才发现其中有很多问题都没有考虑,以至于光是工商执照、税务、卫生防疫、消防等职能部门的相关证照,他就跑了一个多月。光是已经装修好的店面就因为不符合消防要求而改装数次,白白损失了许多装修费用和租金。

开业之后,他又发现当地的客流量与自己事先预想的差别很大,原材料的价格不断上

涨、供货量不足，原定的菜单并不十分符合市场需求，装修风格不符合餐馆的定位……小阳每天被这些细节上的事弄得焦头烂额，伤透脑筋，后悔自己当初没有制订一份详细的创业计划书。好在经历了一番忙乱之后，小阳的餐馆勉强支撑了下来，但是还有许多前期遗留的问题没有解决，小阳只能在经营中慢慢调整，为此耗费了许多不必要的精力和时间，自然也白白交了不少"学费"。"以后再做什么事，我可一定得事先做好计划，不能这么想当然了。"提起餐馆开业初期那段不堪回首的忙乱日子，小阳深有感触地说。

事实上，创业计划书是整个创业过程的灵魂，制订创业计划书绝对不能应付了事。在计划书中，创业者要把创业的种类、资金规划、阶段目标、财务预估、行销策略、可能风险评估、内部管理规划等一一列明，然后在每一个方面提出创业者能想到的可能遇到的问题，并做出详细的解决方案。

在创业行动开始以后，创业者就会发现创业计划书的重要性。即使创业者计划得再周密，也难免遇到些事先无法预料的情况，但是由于大的趋势和方向已经了然于胸，因此解决起来也不会过于忙乱。只要按部就班地按照计划书中所列的条目一一将问题解决，创业者的创业之路就会因此而顺畅很多。

小梅很想开一家饰品店，但又不知从何下手，身边有创业经验的朋友建议她先制订一份详细的创业计划书。小梅采纳了这个建议，用了整整一个月的时间调查市场需求和货源，然后非常认真地制订了一份详细的创业计划书。在制订创业计划书的过程中，小梅了解了饰品行业的许多操作细节和市场需求的方向，其中有很多情况是她以前根本不知道的。

这让小梅深深地感受到创业计划书的重要性，所以她把计划书越做越详细，满满当当地写了十几张纸。计划书里列举了她能想到的所有问题，并一一列出了解决方法，很多人看到她如此认真，都觉得没有必要，一个小小的饰品店而已，几万元的投资，想开就开起来了，不需要制订那么详细的计划。

但是当小梅的饰品店一开业，创业计划书的优势就显现了出来。从寻找店面、工商税务注册、装修、进货、销售……小梅按照计划书上面所列举的条目一一执行，按部就班，过程竟然很顺利。很多创业新手为之头疼的难题，她都能迅速找到办法轻松化解。

偶有意外情况出现，她也能轻松解决。小店开起来后，生意一直不错，经过几年的平稳发展，她已经计划开第二家店了。而且，让她想不到的是，一个偶然的机会，她这份经过不断修正整理的创业计划书得到了一位投资人的青睐，愿意投资帮助她把小店做成饰品连锁店。

如今，拥有五家饰品店的小梅说起她的创业经历，总要提到创业计划书的重要性，她也的确从中受益匪浅。从小梅的经历可以看出，创业计划书并不是简单写写就可以，它就好像一部功能超强的电脑，帮助创业者记录许多创业的内容和构想，规划成功的蓝图。一个翔实清楚的营运计划不仅让创业的过程更加顺利，也让创业者更容易与投资人或合伙人达成共识、集中力量，帮助创业者向成功迈进。

在搜索引擎上、图书馆和书店里,都可以找到一些现成的创业计划书或是模板,很多人觉得直接下载一份或者照着现成的模板添加一些内容就可以了。但是,每个人做事都有自己的风格,不同的行业和地区在具体的操作细节上也有差别。别人的计划再详细,也只是针对别人的创业行为而言,放在自己身上不见得都适用。

至于网上的模板,作为参考是可以的,但也要根据具体情况的不同加以修正。更何况,做创业计划书的过程也是创业者对这个行业和创业的基本步骤逐渐了解的过程,这个阶段投入越多的精力,今后创业时就会少走弯路。所以,做创业计划书不能偷懒、图省事,正所谓"磨刀不误砍柴工",事前准备得越充分,创业也就越容易成功。

研讨主题:

俗话说"凡事预则立,不预则废",创业者有想过为自己的创业项目做一份创业计划书吗?创业者觉得创业计划书应该包括哪些内容呢?

第一节 创业计划书的意义

【理论基础】

创业计划书是一份全方位的商业计划,是将有关创业的想法,借由白纸黑字最后落实的载体,它是用以描述与拟创办企业相关的内外部环境条件和要素特点,为业务的发展提供指示图和衡量业务进展情况的标准。通常创业计划书结合了市场营销、财务、生产、人力资源等职能计划。

创业计划书除了帮助创业者本人更好地梳理自己的思路之外,往往会直接影响创业发起人能否找到企业合作伙伴、获得资金及其他政策的支持。不过,创业计划书的意义虽然很重要,但创业者不能过于依赖创业计划书,创业成功与否,最关键的地方还是在于创业者及其团队的综合能力。

创业计划书提供了一种工具,将新创企业的潜力、机会以及开发这个机会的方案与有关方面进行沟通。沟通旨在使信息的接受者做出反应,其目的是获得各种必要的支持。沟通的对象包括内外部的利益相关者,因此,创业者特别有动力利用创业计划书与下列人员进行沟通。

一、投资者

在创业起步阶段或是成长阶段,外部融资是创业者所面临的一个艰巨任务。创业计划书不仅要告知潜在的投资者新创办的企业所具有的成长潜力和收益回报,而且还要表明所包含的风险。

二、创业团队成员

创业计划要描绘新创企业的发展前景和成长潜力,让团队的所有成员包括合伙人、普通员工、企业顾问充满信心,并愿意为了这个前景和潜力去努力工作。

三、关键客户

创业计划要给客户以充分的信息,使其对新创企业和新产品充满信心,从而购买产品并承诺建立长期稳定的合作关系。竞争者越多,这种承诺就越有价值。这时,创业计划书的质量及它的吸引力和可信性起着决定性的作用。

四、关键供应商

供应商是否愿意向新创企业提供资源,以及以什么方式提供,取决于其对新创企业的信任和信心。创业者要通过创业计划使供应商对企业的发展前景和成长潜力充满信心,这不仅会给企业带来所需要的资源,而且还可以获取较好的供货条件。

五、各类大赛的组织方、评委等

为进一步贯彻落实国家"大众创业、万众创新"的相关精神,各地区、各部门时不时会组织各种类型的创业大赛,大多比赛需要提交相关的创业计划书作为参赛条件。好的创业计划书可以得到更多的关注,甚至通过大赛取得更多来自政府的支持和媒体的宣传报道,从而获取更大的发展空间。

可以说,当今社会,创业计划是创业者叩响投资者大门的敲门砖,是创业者计划创立的业务的书面摘要,一份优秀的创业计划书往往会使创业者达到事半功倍的效果。

【思考练习】

练习 9-1 你知道哪些与大学生创新创业相关的大赛? 参加哪些比赛是需要创业计划书的,哪些不需要?

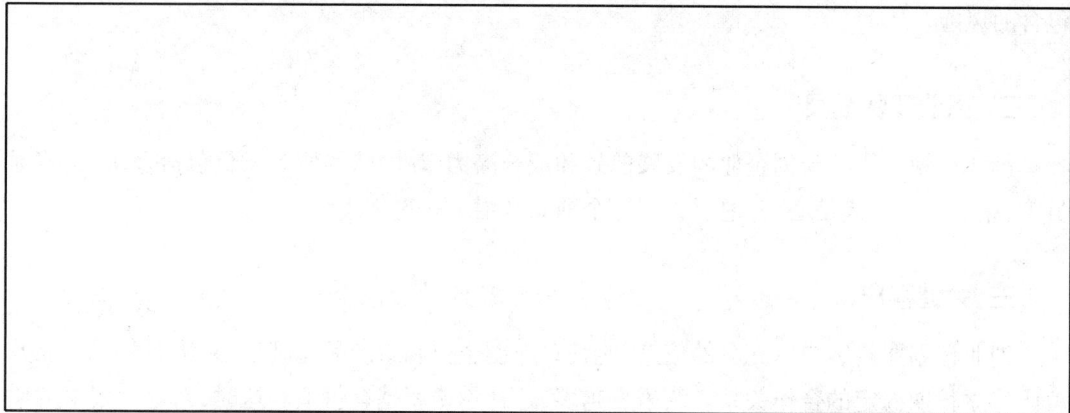

第二节　创业计划书撰写要点

【理论基础】

如何写创业计划书呢？要根据使用场景和目标对象的不同而有所不同,譬如是要写给投资者看,或是要拿去银行贷款,还是要参加各类比赛等。从不同的目的来写,创业计划书的重点也会有所不同。但无论怎么样,创业计划书都应该包括如下几个部分:项目概要、企业构思(项目)、市场评估(可行性)、企业组织(人)、企业财务(钱)、附件等。

一、项目概要

项目概要也叫"项目概况"或"项目摘要",简述选择创业项目的理由、创业项目的基本情况、新办企业的愿景(希望成为怎样的企业),重点说明创业者的主要经营范围和企业类型。摘要是为吸引合伙人与投资人的注意而将创业计划书的核心提炼出来制作而成的,它是整个创业计划书的精华,涵盖计划书的要点。

注意事项:项目概要应力求一目了然,在短时间内给使用者留下深刻印象,如同推销产品的广告,要反复推敲、精益求精、形式完美、清晰流畅而富有感染力,特别要准确说明自身企业的不同之处以及企业获取成功的关键市场因素。

二、创业者本人情况

分析创业者本人具备的相关知识和经验,不断培养和提高自己的综合创业能力。著名的风险投资奠基人乔治·多里奥特曾经说过:"宁可考虑向有二流主意的一流人物投资,也绝不向有一流主意的二流人物投资。"由此可见,投资人是多么看重创业者的综合能力。

注意事项:这里核心要反映出创业者本人有着办好该企业的迫切愿望和信心,并具备创办该企业的基本素质、能力和相关资源条件。

三、企业其他重要成员和组织结构

没有完美的个人,只有完美的团队。联想的总裁柳传志曾经说过:"领军人物好比是阿拉伯数字中的1,有了这个1,带上一个0,它就是10,两个0就是100,三个0是1 000。"可见团队和团队领军人物的重要性,尤其是创业者企业的核心团队。创办成功的企业,其关键因素就是要有一支强有力的团队。此外,还要考虑如何组建企业,包括确定企业的法律形态、组织结构、组成人员及其职责。如有哪些部门及各部门的功能和责任;各部门负责人及主要成员分工明确且各就各位;部门与部门的关系,是上下级关系还是平级关系等。

注意事项:一定要显示出创业者的团队优势互补、高效沟通、高效执行。在技术、管理、市场等方面均有骨干成员独当一面,企业才有可能更好更快地进入高速发展通道。

四、产品或服务介绍以及市场营销计划

在创业计划书中,应尽可能提供所有与企业的产品或服务有关的细节,包括企业所实施的所有调查结论,以便读者更好地理解企业的产品或服务。具体包括该产品的核心产品、形式产品和附加产品三个方面。核心产品是指产品的基本效用或使用价值,如买空调就是为了制冷或制热;形式产品是指产品借以实现的形式,通常由品质、式样、特征、商标及包装等方面构成,如空调的品牌、颜色、形状等;附加产品是指购买产品时附带获得的各种利益的总和,包括产品说明书、安装服务、维修服务、送货上门等,例如很多空调在购买后是送货上门并包安装的。除了详细介绍产品或服务的特点外,创业者还要详细描述产品或服务的价格、营业地点、销售渠道和促销方式。

需要说明的是,企业的产品或服务的介绍部分必须清晰地回答以下问题:

(1)创业者提供的是什么样的产品或服务? 针对什么样的目标客户群体? 能解决顾客的什么问题?

(2)与竞争对手相比,创业者提供的产品或服务有哪些优缺点? 顾客为什么会选择创业者的产品或服务?

(3)为什么企业的产品和服务的定价可以产生足够的利润? 顾客能接受吗?

(4)创业者准备在什么地点、通过什么渠道进行销售,顾客方便购买吗?

(5)创业者准备用什么促销方式进行营销,销售量可以满足企业的生存和进一步发展吗?

(6)企业采取了哪些保护措施,如申请专利、许可证,还是与已申请专利的厂家达成了相关协议?

注意事项：一定要显示出创业者的产品或服务的独到之处，如相比竞争对手在产品或服务、价格、地点或渠道、促销方式等一个或多个方面有相应的竞争优势。一定要用数据和事实说话，不然顾客不会为创业者的产品或服务买单。

五、市场评估

任何企业都要通过满足顾客需求来获取利润，创业者要调查和了解市场的大小以及未来的发展前景，以及目标顾客和竞争对手的情况，分析创业者的创业项目是否可行。

注意事项：市场评估不是主观的猜想和经验，一定要在充分调研的前提下用事实说话，告诉大家创业者的目标顾客市场情况，面对竞争对手创业者有属于自己的优势，能够在激烈的竞争中存活并发展。如果能够证明市场发展趋势越来越好，创业者的企业市场占有率越来越高，那创业者将会获得更多的认可和支持。

六、企业财务运营计划

（一）启动资金

启动资金包括企业的投资和流动资金两个方面。对于投资而言，创业前期创业者要进行投资预测，包括采购设备、装修店面等，甚至包括前期进行市场调研和其他学习需要的相关费用。合理、有效的投资有利于降低创业风险。对于流动资金而言，创业者要考虑企业日常运转所需要支出的资金，一般包括工资、租金、水电费、办公用品购置费、市场开拓宣传费、保险费、电话费、网络费、招待费等。必需、必要的流动资金是企业正常运转的保证。

注意事项：创业者的启动资金一定要考虑周到、计算周全，不然很有可能因为启动资金的不足而使企业尚未进入良性运营状态就夭折。

（二）资金来源

创业者要说清楚资金的来源，如自我积累、合伙人融资、从亲友处借、从银行或其他金融机构贷款、从供应商处赊购、从政府部门获取资金支持、想办法获得天使投资或风险投资……

注意事项：应该表达清楚创业者的资金来源，并讲清楚别人一定会把钱给创业者的依据，而非空口无凭，仅凭猜想或感觉。

（三）利润计划

利润计划也称销售与成本计划，是指在销售收入预测的基础上，创业者要通过测算成本和利润来了解企业的损益情况，也是判断一个创业项目有没有必要做的关键指标。

注意事项：财务方面的计算一定要精细，而非大概，这样才能更好地打动投资人或其他计划书的阅读者。

（四）现金流量计划

对于企业而言，现金流量计划的重要意义就像血液对人的重要意义一样。此外，为了更好地开办和运营创业者的企业,创业者甚至需要做好企业未来一年的现金流量计划,这样才能更为精细地去测算创业者企业的运营情况——创业者要更准确地测算出每个月的现金流入和流出情况,及时采取应对措施,帮助创业者的企业保持充足的动力,使创业者的企业在任何时候都不会面临现金短缺的威胁。现金流量计划实际是判断创业者当前的资金实力是否可以支撑项目运营下去的关键指标。

注意事项:区别于利润计划,现金流量计划月底或年底的现金数量不可以为"0"或"负数",这意味着企业资金链的断裂,需要及时发现并予以解决。

七、风险估计

创业者有必要进行风险估计以便制订有效的战略来应对这些威胁。新企业主要的风险可能来自竞争者的反应,来自自身在市场营销、生产或管理方面的弱势,来自技术的进步带来的其产品的过时。创业者也有必要提供备选战略以应对上述风险的发生。

注意事项:创业计划书要让别人看到创业者已经做好了万全的准备,有应对各种风险的能力。

八、附件

一般来讲,创业者提供的信息越详尽,获取帮助的机会就越大。创业者可以根据需要,把诸如相关专利、相关证明文件、营业执照、合伙协议、公司章程、产品或服务目录、价格表、岗位职责和工作定岗定编等内容都附在创业计划书后面,以增强创业者的创业计划书的说服力。

创业计划书的格式和要突出的重点并不是一成不变的,实际操作中创业者可以根据计划书的应用场景、创业者团队的实际情况进行设计。

只要创业者能根据上述要求写出创业计划书,那么创业者再撰写其他形式的创业计划书也就没有什么困难了。新创企业申请贷款时,银行等金融机构要了解的情况可能会更加详细,或要求创业者撰写另一种格式的计划书,但上述内容都是必不可少的。

【思考练习】

练习9-2　结合案例回答问题。

××高校商业街××餐饮店创业计划书

一、餐饮店创业项目概况

民以食为天,足见食之重要。本创业计划书是关于在大学附近开设一家绿色餐饮店的方案。其主要业务是自助餐、外卖、生日聚餐等,目标市场是在校大学生。本餐饮店首先采取个体户的经营方式,但是有自己的品牌商标和价值理念。在资金等条件成熟后将会组建公司并实行连锁经营方式。总体战略目标是"立足本地,树立品牌,步步为营,扩大规模,走向全国"。

二、竞争对手分析

在学校周围现在已有多家餐馆,他们大多是周围居民利用所处的地理位置在自家开的小餐馆,其环境、卫生条件、管理方式等都不尽如人意。年轻人对饮食的需求永远不会满足,不仅要求美味,还要求环境幽雅、卫生条件达标、有文化底蕴,以彰显自己的个性。校园附近像样的餐馆基本没有,所以开办这样的餐馆还是有相当的市场。我们本身就是大学生,更了解大学生需要什么,能更好地迎合大学生的口味。开一家餐饮店需要的成本不多,对于我们大学生而言具有一定的可行性和可操作性。

三、市场及顾客选择

随着经济稳定快速增长,城乡居民收入水平明显提高,餐饮市场表现出旺盛的发展势头。目前在我国餐饮市场中,正餐以中式正餐为主,西式正餐逐渐兴起,但目前规模尚小;快餐以西式快餐为主,如肯德基、麦当劳、必胜客等,中式快餐已经蓬勃发展,但当前尚无法与"洋快餐"相抗衡。相比洋快餐专业化、品牌化、连锁化的成功营销模式,中式餐饮发展显然稍逊一筹。如何占领这部分市场,是我们需要解决的问题。

随着人们对自身健康及食品安全关注程度的提高,长期食用以油炸、高热量为主的"洋快餐"导致肥胖等问题曝光后,饮食安全成为一个热门话题。如何给消费者一个放心安全的饮食环境,成为餐饮业今后发展的主题。可以预见,运用环保、健康、安全理念,倡导绿色消费将是今后餐饮业的发展趋势。绿色餐饮的提出其实也是社会文明的进步,是一个新的餐饮文化理念。在未来几年内,我国餐饮业经营模式将多元化发展,国际化进程将加快,而且绿色餐饮必将成为时尚,这无疑给投资绿色餐饮业带来了契机。

本店主体顾客是学生,毕竟年轻人都比较喜欢环境幽雅、有创意的地方。市场主要面对的是学校的学生和老师,也有少部分周边的居民和流动人员。

四、本店特色

本店菜品种类繁多,品种齐全,顾客可以更大程度地选择适合自己的口味,满足他们追求时尚的需要。如果顾客感兴趣,本店还可以提供相应的餐具及蔬菜,让顾客自己动手制作。

五、店面选址

因为学校附近没有像样的餐饮店,而学生对绿色饮食需求量较大,高校附近会是一个很大的市场,具有很强的操作性和实用性。

六、经营理念及目标

1.为了让顾客吃上放心、绿色的食品,本店设计了一条标语:花最合适的钱买一份健康。

2.坚持诚信为本、顾客权益至上的理念。

3.靠薄利多销,走经营流水,留意客户的反馈信息。凭借优良的品质和贴心的服务,赢得顾客的认可,努力实现本店与顾客双赢的局面。

4.最终目标:寻求加盟,连锁经营,扩大规模和影响力。

七、组织机构

由两人专门负责采购货物及外卖,两人负责主厨,还有两人负责店里的清洁和装饰。

八、产品和服务

1.本店将有不同种类特色菜品推出:腊八蒜炒藕片、蜜汁滋补双色、脆皮时蔬、山药富贵虾、鲜味香锅仔茄、串烧赛肥牛、鱼籽粉丝蒸丝瓜、杂粮锅巴肉、太极蒸木耳、青蔬狮子头、咖啡烤肉、瓜粒茶树菇等。本店还将提供生日特色餐。

2.紧跟潮流,适时推出新产品。

九、收入来源

1.所销售菜品获得的利润和服务性收费。

2.代理业务获得的收入,可以拉赞助,在广告宣传单上印发其他行业广告,在学校合适场地发放。

十、资金需求、筹措方法及投资回报

因为本店经营货品占地不大,初期可以先根据市场需求做一份需求分析,根据此分析再逐步扩大购买规模,预计需要大约20万元启动资金,主要用于购买原材料、租借场地、员工培训、市场宣传推广。资金的筹措方式是个人或者学校的风险资金,以投资入股的方式投入,其他资金投入方式也可以考虑。预计在未来的一年内收回成本(平均销售利润率按20%计算)。

十一、定价策略和经营策略

1.菜品将分为上、中、下三种不同的档次、不同的价格,这样就可以满足不同消费能力的顾客。

2.会员卡制:消费满一定金额,可得到一张会员卡,方便以后购买获得优惠。

3.积分制:消费1元得1积分,满足一定积分可兑换相应的商品。

4.利用身为大学生的优势,到学校宿舍配送外卖,扩大影响力,让更多同学了解本店。

十二、营销推广策略

1.组织人员在不同时间在学校发广告单,并在节假日搞些促销活动,回馈顾客(根据国庆节、中秋节、春节、劳动节等节日特点搞活动)。

2.店内海报:可在店内贴上海报、招贴画等,介绍食材的选用及饮食文化内涵等。

3.主题促销:进一步细分消费者消费行为特征。可根据不同的组合,推出"毕业晚宴""生日宴会""难忘友情""谢师宴"等主题,推出不同的菜品及不同价位的特色菜。

4.品牌建设:以最优的服务、最优惠的价格,提供多种搭配方案,满足不同消费者的需求,力求让消费者以最优惠的价格尝到他们心仪的菜品。

结合所学请思考,以上计划书是否完整? 如果你是投资人,会投资这个项目吗? 为什么?

第三节 创业计划书的论证和改进

【理论基础】

创业计划书的撰写工作不是一蹴而就的,需要经过不断的打磨,甚至是不同角度的论证和改进才能逐步完善。具体来讲,有如下几种方法可以尝试:

一、内部论证

创业计划书的撰写工作往往是由一个人或少数几个人完成的。但实际论证和改进创业计划书需要更多人参与进来,俗话说"三个臭皮匠,顶个诸葛亮"就是这个道理。可以让团队内部核心骨干参与论证,群策群力,更好地论证和改进创业计划书。

二、外部相关重要专家论证

一份成功的创业计划书包括管理、技术、市场、财务等多方面的知识和内容,需要从不同的方向进行论证,而团队内部很难集齐各方面的专家。此时,创业者可以考虑走出团队,向相关专家寻求支持,如向律师咨询法律问题,向会计咨询税务问题,还比如向银行咨询贷款问题等。

三、参加各类大赛全方面论证和改进创业计划书

一般来说,创业比赛都需要上交创业计划书,如"挑战杯"中国大学生创业计划竞赛,又如中国"互联网+"大学生创新创业大赛……通过参加各类比赛,创业者创业计划书的撰写水平可以得到很好的提升,创业者甚至可以得到各方面专家的建议和支持。

【思考练习】

练习 9-3 你觉得还有哪些途径可以进一步论证和改进创业计划书?

【本章小结】

创业计划书是一份全方位的商业计划,是将有关创业的想法,借由白纸黑字最后落实的载体,它除了帮助创业者本人更好地梳理自己的思路之外,还影响创业发起人能否找到企业合作伙伴、获得资金及其他政策的支持。

创业者要根据使用场景和目标对象的不同而调整创业计划,由不同的目的出发,创业计划书的重点也会有所不同。创业计划书的撰写工作不是一蹴而就的,需要经过不断的打磨,甚至是不同角度的论证和改进才能逐步完善。

不过,创业计划书的意义虽然很重要,但并不是说有了一个好的计划书就一定会成功,更需要创业者及其团队的不懈努力。

【课后实践】

撰写创业计划书

1. 结合所学,撰写自己的创业计划书(见附录)。

2. 找有过撰写或指导创业计划书经历的亲人、朋友或社会人士(可以是自己的学长、老师、亲友或其他相关人员)论证并改进自己的创业计划书。

第十章 项目路演

好的创业计划书不仅可以帮助创业者更好地梳理和完善自己的创业计划,甚至可以帮助创业者拿到更多的外部支持。但很多时候,尤其是初步接触的情况下,人们并没有太多时间和意愿关注你的创业计划书,因此项目路演成为投资人或其他相关人员认识你的企业或项目的快速通道。

【学习目标】

1.了解何为项目路演以及项目路演的意义;

2.学会制作项目路演的相关资料;

3.掌握并运用项目路演的技巧。

【案例导读】

演讲的力量

2015 年,崔万志的那场《不抱怨,靠自己》的演讲以爆发式的感情,讲述了自己的人生经历,几度让人泪崩,感动了全场,这段演讲视频被网友点击超过 10 亿次,曾看哭了无数人。

节目播出后,他的旗袍销量一下子比平时增长了 33% 以上。随着生意越来越好,崔万志的旗袍品牌逐渐成为业界标杆。

2015 年 8 月,崔万志运用他的演讲能力和个人魅力众筹了 800 万元,开设了全球第一家旗袍文化主题餐厅。

之后,崔万志又用他的演讲众筹了 1 000 万元,拍摄了一部以他自己为原型的励志大剧《旗袍先生》……

2016 年 1 月 2 日,CCTV 财经频道《创业英雄汇》节目中,崔万志带着他的"互联网+旗袍"项目思路及规划参与其中,9 分钟不到的路演,吸金 3 900 万元,刷新该节目开播以来的最高纪录……

连"商界铁娘子"董明珠都为他背书,她说:"我对崔万志的印象特别深,他内心有一种渴望与执着,有一种拼搏和挑战的精神。"

2018 年,崔万志还被中央宣传部等授予"诚信之星",他也不再满足于"中国旗袍先生"这个称号,他希望把中国旗袍推向全球。

身残志坚的崔万志,活成了传奇。就算是被命运打倒 10 000 次,他总能笑着,向阳而生,第 10 001 次爬起来,继续前进。他从不怨天尤人,从不听天由命,无论世界给了他怎样的冷酷,他都始终保持善良……

综上可见,演讲的力量何其强大。对于创业者而言,优秀的演讲、优秀的项目路演,可能为公司的发展壮大提供至关重要的助推力量。项目路演不仅仅要有卓越的路演者,还要有完善的创业计划书、精美的 PPT……

研讨主题:

小米的巨大成功,滴滴的疯狂扩张,华为的逆流而上,和项目路演有怎么样的关系?

第一节　项目路演的意义

【理论基础】

一、项目路演的含义

项目路演就是创业者向众多的风险投资者讲解自己的产品和发展规划以吸引投资者进行投资的过程。项目路演分为线上项目路演和线下项目路演。线上项目路演主要通过 QQ 群、微信群或者在线视频等互联网方式对项目进行讲解;线下项目路演主要通过活动专场对投资者进行面对面的演讲以及交流。

二、项目路演的意义

(一)项目交流,寻求资源

创业项目路演一般以追求投资者的资金和资源支持为目标,它的好处在于可以同时让多个投资者很认真地倾听你的讲解和说明,同时还可以有一个思考和交流的过程。通常情况下,投资者每天看到的计划书和接触的项目很多,甚至有的投资者一天阅读上百份项目计划书,所以筛选项目往往只能凭借一些市场份额、赢利水平等硬性指标,很难了解项目的精彩之处,很多优质的企业都是因此而与投资擦肩而过。路演就是让投资者在安静的环境里,在企业家声情并茂的展示下,真正读懂企业的项目,从而做出更为准确的判断。特别对一些技术性强的项目,更能减少出现投资者看不懂和不理解项目的弊端。企业家可以通过自己的精辟讲解和投资者之间的交流,快速对接自己的项目,减少融资道路上的弯路。

（二）项目展示，扩大影响

在创业比赛的过程中，一般会涉及项目路演。而这里所说的项目路演，是指创业团队代表向众多的评委或投资者讲解自己创业的项目，说明项目的优势和创新点，以及项目的经济价值甚至是社会价值，从而获得比赛奖励甚至是来自政府、媒体更多的关注和支持。

无论是哪种项目路演，其实都是将项目计划书中最重要、最精华的内容高度浓缩，在规定的时间内通过多种形式展示给路演对象，以获得对方的关注和支持。项目路演的好坏，直接影响到项目能否得到更多的关注和支持。

【思考练习】

练习 10-1　你经历过的项目路演有哪些？优秀的路演者取得了怎样的回报？

表 10-1　经历过的项目路演情况一览表

活动名称	项目名称	路演成果回报	你的感受和收获

第二节　路演资料的制作

【理论基础】

一、项目路演的主要内容

和创业计划书相似，项目路演一般包括以下内容：

（1）项目概要（项目背景、项目产品情况详细介绍及市场前景）。

（2）公司概况（公司简介、股权结构、管理团队、企业亮点）。

（3）行业分析（行业发展现状、问题、趋势，国家相关产业政策）。

（4）竞争分析（竞争状况，优势分析包括但不仅限于资源、合作模式、渠道、环境等，SWOT 分析）。

（5）商业模式（即赢利模式：怎么赚钱、怎么传递价值、核心竞争力）。

（6）公司发展战略（公司战略目标、市场开拓目标和规划）。

（7）企业资金需求及使用计划[投入总资金和使用计划、财务收益预测（此项目非必选项）]。

（8）投资退出机制[股票上市，股权转让、回购，股利等（此项目非必选项）]。

（9）风险分析及应对措施（竞争风险、管理、政策等）。

一般涉及的资料包括但不仅限于路演 PPT、路演视频甚至是路演过程中运用的道具等。

二、项目路演的相关资料

（一）路演 PPT

一般来说，项目路演 PPT 在项目路演过程中是必备资料。

项目路演时间根据不同的场合规定各有不同，一般在 5～15 分钟，路演后面甚至会有评委提问环节。因此，PPT 的制作应该遵循以下规律：

（1）篇幅方面一般需用 10～20 页幻灯片，不追求全面，要求抓重点（此处所指 PPT 页数仅供参考，实际 PPT 根据项目路演需要进行调整）。

（2）封面一页，写清楚项目的名称、讲解人、联系方式等，甚至可以加上自己企业或产品的配图。

（3）项目概况二至三页，写清楚项目背景、项目产品情况及市场前景。

（4）公司概况二至三页，写清楚公司简介、股权结构、管理团队、企业亮点等。

（5）行业分析一至二页，写清楚行业发展现状、问题、趋势，国家相关产业政策等。

（6）竞争分析三至五页，写清楚客户分析、竞争对手分析、SWOT 分析甚至是环境评估等。此外，还可以在市场容量及发展趋势方面进行描述。

（7）商业模式一般一至二页即可，写清楚赢利模式，即怎么赚钱、怎么传递价值以及企业的核心竞争力。

（8）公司发展战略一般一页，写清楚公司战略目标、市场开拓目标和规划等。

（9）企业资金运作计划三至五页，写清楚启动资金、资金来源、资金使用现状或计划、财务收益预测等。如项目路演是为了争取到投资人的投资，此部分需要详细描述。

（10）投资退出机制一般一页，写清楚股权转让、回购、股利等，此项目非必选项，可根据项目路演实际需要进行调整。

（11）风险分析及应对措施一至二页，写清楚竞争风险、管理、政策等。

（二）路演视频

路演视频在实际的路演过程中是作为路演 PPT 的重要补充而使用的，因其具有时间可控、声情并茂、信息量大等特点而被广泛应用于各类项目路演过程中。这里特别注意，作为路演 PPT 的重要补充，路演视频的时长要做严格的控制，一般控制在两分钟内，甚至部分比赛要求控制在一分钟内，所以，视频的制作要求很高，每一个画面、每一个文字、每一个声音，甚至是视频文件的每一帧，都应该精雕细刻。一定记得，非重要图片不放，非重要语言不说，精准传递企业价值观。

（三）其他物资

有些项目路演为了更好地展示产品或服务的特点和优势，甚至可以将自己的产品或服务进行现场演示。为此，需要将物资提前准备好。如乔布斯发布"MacBook Air"时，为了显示产品的轻薄，将产品放在文件袋，并现场拿出来展示给大家，成就了一场"震撼世界的发布会"。

【思考练习】

练习 10-2 网上搜索项目路演 PPT 案例，请印证是否包含上述内容，有无其他内容？

第三节　项目路演技巧

【理论基础】

一般来说,项目路演机会来之不易。如果是参加创业大赛的项目路演,大都是在复赛或是决赛阶段,前期的创业计划书需要通过各种审核和筛选;如果是向投资人进行路演,机会更加难得。所以,面对来之不易的机会,一定要努力把握。除了创业项目和项目团队本身的问题需要注意以外,项目路演技巧的学习和运用也显得非常重要。

一、项目路演的一般流程

项目路演一般在具体时间、具体地点,由通过审核的项目路演者进行项目演示。项目路演现场主要分为四个流程:

(1)"5~15分钟项目演示",路演者在规定时间内介绍自己的项目。

(2)嘉宾提问的时间一般3~6分钟。

(3)嘉宾对项目进行点评。

(4)项目方与嘉宾交流。

由此可见,一般情况下一个项目路演仅8~12分钟,但却决定你的创业项目能否得到投资人的青睐,能否得到政府、媒体甚至是社会各界的关注和支持,因此,需要路演者及其团队做好充分的准备。

二、项目路演注意事项

(一)路演前的关键点

(1)符合自身气质的得体着装,为第一眼的印象加分。

(2)为避免误时和迷路,最好提前考察路演现场,如果条件允许,可以提前使用现场设备,比如在台上走走,实地模拟一两遍PPT上的内容。

(3)准备好路演的一切物资,如果能带上你的产品或服务现场展示,效果会更好。

(4)把项目当故事讲,一方面方便自己记忆,另一方面让人印象深刻,一定要注意路演的内容和逻辑。

(5)提前了解投资人或评委嘉宾的情况,做到知己知彼。成功的路演,首先应该看项目路演对象的需求。如果对方是投资人,在有限的时间内,把投资人想要的内容说清楚。投资人想要什么呢?投资人最为关心的三个问题:投资回报率、投资回报周期和投资风险。如果对方是政府组织,就要谈清楚你的创业项目的创新性和社会效益。

（二）路演中的关键点

（1）一般项目路演时间为 8～20 分钟，想把创业项目的方方面面展示出来，这个时间是不够的，路演者无法完全把项目阐述清楚，所以在时间把握上需要注意以下几个问题：简单描述公司概况，重点介绍团队组成，集中突出核心竞争力，具体阐述融资回报率，必须提到风险存在点。不应该出现：大篇幅讲述项目背景知识，大篇幅讲述项目具体操作。切记：一定不要超时。不然会出现虎头蛇尾的情况，会让听众怀疑路演者及其团队的时间把握能力。

（2）尽可能用通俗易懂的语言。很多时候，技术性的创始人无法把专业语言转化成大众语言进行项目和产品的阐述，过于强调专业性，结果让大家听得云山雾罩，自然难以对这类项目感兴趣。切记：不是每一位听众都听得懂过于专业的语言。

（3）当有些项目提到互联网的应用时，演讲了很长时间还只是想法，也就是还停留在概念阶段，这就是只谈互联网思维，并无实际内容和可推广的产品，投资人和评委嘉宾对这类项目也不会感兴趣。

（4）确保项目路演宣传内容的真实性和可行性，否则与投资人在进行后期合作时会发生不愉快。

（5）对项目路演融资资金的使用方式进行合理说明，投资人很关心他给你的钱你准备怎么花。

（6）正规的项目路演都有 PPT 展示，请在演讲前记住 PPT 的内容，如果带演讲稿在现场进行路演，一方面会让投资人觉得你连自己的项目都不熟悉；另一方面，当你看着演讲稿时，就很难与投资人和评委嘉宾进行互动，极大地破坏了项目路演的气氛。

（7）如部分项目内容具有私密性质，提前向主办方、承办方以及听众提出，并在创业计划书、路演 PPT 等文件上体现。甚至可以要求除创业项目和投资机构代表之外，项目路演全程谢绝无关人员参观。项目路演主办方及所有参会人员均须承诺：除非得到本人许可，对项目商业秘密和项目路演个人资料进行严格保密，不将项目路演的任何内容用于商业目的。

（8）整个过程注意商务礼仪和表达技巧，如果条件允许，可以提前学习更多的商务礼仪和沟通表达技巧的相关知识。

请记住，一个好的产品与好的商业模式必须配备一个好的项目路演才会赢得投资人的青睐！

（三）路演后的关键点

（1）路演之后与投资人或其他评委嘉宾保持沟通，争取利益最大化。他们大都具备相关的项目经验，哪怕没有得到相关的投资或奖项，如果能得到他们的后续支持，相信对你创业项目的改进提升大有裨益。

（2）进一步改进和提升自己的创业计划书和项目路演水平，为后期更多的机会做准备。

（四）路演禁忌

1. 避免背材料

路演者要避免背材料。有的路演者不管听众或者投资人提什么问题，总会回答说"这个问题的答案我后面有，你别慌"。一般像这样的路演通常都会失败。投资人的问题一般都是他们想知道的问题，如果没有得到及时解答，会影响他们对项目的判断，因此，路演的时候要随机应变，要根据投资人的状态来展现项目。

2. 避免情绪和一味防御

路演者要有一种开放和自信的心态，涉及项目核心保密的问题，可以坦荡地表达问题答案不方便公开，避免投资人和听众问题较多时容易产生情绪。实际上，投资人的提问有时候并不是要路演者回答问题的具体答案，而是想知道路演者有没有考虑过这个问题，有没有考虑周全。他们通过这些问题来判断路演者及其团队的能力，很大程度上是在看路演者及其团队的反应，这个反应决定投资人对项目的判断。

3. 避免不必要的技巧

听众特别是投资人的问题，有时其实就是简单而直接的问题，但路演者有时会过于迂回地解释和阐述，不直接回答。这会让听众觉得路演者对这个问题并没有考虑成熟或者不是那么清晰。比如投资人问要融资多少，据统计80%的创业者不会直接回答，个别的路演者甚至会就这个问题分析10分钟也没有给出最后的答案。

4. 避免为达到目的而说谎或者过于夸张

创业的道路上，创业者一般不会有意说谎，但有时会为了一定的目的而不选择说实话或者过于夸大自己的项目。通常这样的瞻前顾后和不够坦荡，会导致创业者走向说谎或者圆谎的地步。因此，在跟投资人交流的过程中，创业者对投资人要永远保持真诚，在路演这种公开的场合更应该如此。

【思考练习】

练习10-3 2008年，乔布斯在 *Macworld* 发布会的最后，抓起了一个信封，拿出了一款全新的笔记本电脑，这就是 MacBook Air。从此，这成了苹果电脑历史上，甚至是整个数码产品发布会历史上的经典一幕。

请查看相关视频，并思考项目路演成功的因素有哪些。

【本章小结】

　　项目路演是投资者或其他相关人员认识创业者的企业或项目的快速通道，是创业者向众多的风险投资者讲解自己的产品和发展规划以吸引投资者进行投资的过程。路演者将项目计划书中最重要、最精华的内容高度浓缩，在规定的时间内通过多种形式展示给路演对象，以获得对方的关注和支持。项目路演的好坏，直接影响到项目能否得到更多的关注和支持。

　　在项目路演的过程中，除了创业项目和项目团队本身的问题需要注意，项目路演技巧的学习和运用也非常重要。一般而言，路演前、路演中、路演后都有各自的关键点，特别是路演中还有一些禁忌需要避免。这些都是项目路演中路演者需要注意的地方。

【课后实践】

准备项目路演

　　1.结合所学，准备自己的项目路演资料，包括但不仅限于路演 PPT、路演视频甚至路演过程中运用的道具等。

　　2.小组分工演练，准备一个 5～8 分钟的项目路演。

创 业 计 划 书

企 业 名 称＿＿＿＿＿＿＿＿＿＿＿

创业者姓名＿＿＿＿＿＿＿＿＿＿＿

电　　　话＿＿＿＿＿＿＿＿＿＿＿

电 子 邮 件＿＿＿＿＿＿＿＿＿＿＿

通 信 地 址＿＿＿＿＿＿＿＿＿＿＿

日　　　期＿＿＿＿＿＿＿＿＿＿＿

目　录

一、项目概要（简述创业项目并说明项目的背景意义及未来愿景）

_____

_____

_____

_____

_____

_____

_____

_____

_____

_____

_____

_____

_____

_____

_____

_____

_____

_____

_____

_____

企业类型：

□农业　　□生产制造　　□零售

□批发　　□服务　　□其他（请说明）

企业的法律形态：

□个体工商户　　□个人独资企业　　□合伙企业

□有限责任公司　　□其他（请说明）

二、创业者个人及核心团队情况

相关经验：_____

_____

_____

_____

_____

_____

教育经历：_____

_____

_____

_____

_____

企业组织结构图：

股份合作协议

条　款	合伙人			
企业计划注册资金				
出资方式				
出资数额				
股权份额及利润分配				
利润数额与亏损承担				
分工、权限和责任				
违约责任				
转股、退股及增资				
协议变更和终止				
其他条款				

三、项目可行性评估

目标顾客描述：

市场容量或变化趋势：

预计市场占有率：

竞争对手的主要优势：

1.

2.

3.

4.

5. _____

竞争对手的主要劣势： _____

1. _____

2. _____

3. _____

4. _____

5. _____

本企业相对于竞争对手的主要优势： _____

1. _____

2. _____

3. _____

4. _____

5. _____

本企业相对于竞争对手的主要劣势： _____

1. _____

2. _____

3. _____

4. _____

5. _____

四、市场营销计划

1.产品

产品或服务	主要特征

2. 价格

产品或服务	预测成本价	预测销售价	竞争对手的销售价格

3. 地点

（1）选址细节：

地　　址	面积/平方米	租金或建筑成本

（2）选择该地址的主要原因：_____

_____

_____

（3）销售方式（选择一项并打"√"）：

把产品或服务销售给：□最终消费者　　□零售商　　□批发商

（4）选择该销售方式的原因：_____

_____

_____

4. 促销

广　告		成本预测	
人员推销		成本预测	
营业推广		成本预测	
公共关系		成本预测	

五、投资预测

1.机器、机械和其他生产设备

根据企业销售量的预测,假设达到100%的生产能力,拟购置以下机器、机械和其他生产设备:

项　目	数　量	单　价	金额/元
(1)			
(2)			
(3)			
合　计			

2.器具、工具和家具

根据企业生产经营活动的需要,拟购置以下器具、工具和家具:

项　目	数　量	单　价	金额/元
(1)			
(2)			
(3)			
合　计			

3.交通工具

根据交通和营销活动的需要,拟购置以下交通工具:

项　目	数　量	单　价	金额/元
(1)			
(2)			
合　计			

4.电子设备

根据企业办公室的需要,拟购置以下电子设备:

项　目	数　量	单　价
(1)		
(2)		
(3)		
合　计		

5. 无形资产

根据企业的需要,开业前拟购买以下无形资产:

项　目	金额/元	备　注
(1)		
(2)		
(3)		
合　计		

6. 开办费

根据企业的需要,需支付以下开办费:

项　目	金额/元	备　注
(1)		
(2)		
(3)		
合　计		

7. 其他投入

根据企业的需要,除固定资产、无形资产、开办费外,开业前还需要支付的费用:

项　目	金额/元	备　注
(1)		
(2)		
(3)		
合　计		

8. 投资概要

项　　目	金额/元	月折旧额（摊销额）/元
房屋、建筑物		
机器、机械和其他生产设备		
器具、工具和家具		
交通工具		
电子设备		
无形资产		
开办费		
其他投入		
合计		

六、流动资金预测（月）

1. 原材料和包装

项　　目	数　　量	单价/元	金额/元
（1）			
（2）			
（3）			
（4）			
合　计			

2. 其他经营费用

项　　目	金额/元	备　　注
工资		
租金		
促销费		
办公用品购置费		
维修费		
保险费		

续表

项　目	金额/元	备　注
水电费		
电话费		
其他		
合计		

七、销售收入预测

项　目		1月	2月	3月	4月	5月	6月	7月	8月	9月	10月	11月	12月	合计
(1)	销售数量													
	平均单价													
	月销售额													
(2)	销售数量													
	平均单价													
	月销售额													
(3)	销售数量													
	平均单价													
	月销售额													
(4)	销售数量													
	平均单价													
	月销售额													
(5)	销售数量													
	平均单价													
	月销售额													
(6)	销售数量													
	平均单价													
	月销售额													
(7)	销售数量													
	平均单价													
	月销售额													
(8)	销售数量													
	平均单价													
	月销售额													
合　计	销售总量													
	销售总收入													

八、利润计划

单位：元

项目		1月	2月	3月	4月	5月	6月	7月	8月	9月	10月	11月	12月	合计
销售	含流转税销售收入													
	增值税													
	销售净收入													
成本	原材料（列出项目）													
	（1）													
	（2）													
	（3）													
	包装费													
	工资													
	租金													
	促销费													
	维修费													
	水电费													
	宽带费													
	办公室用品购置费													
	其他费用													
	折旧和摊销													
	总成本													
附加税费														
利润														
税费	企业所得税													
	个人所得税													
	其他													
净收入（税后）														

九、现金流量计划

单位：元

项目		1月	2月	3月	4月	5月	6月	7月	8月	9月	10月	11月	12月	合计
月初现金（A）														
现金流入	现金销售收入													
	赊账销售收入													
	贷款													
	企业主（股东）投资													
	现金流入合计（B）													

续表

项 目		1月	2月	3月	4月	5月	6月	7月	8月	9月	10月	11月	12月	合计
现金流出	现金采购													
	赊账采购													
	包装费													
	工资													
	租金													
	促销费													
	保险费													
	维修费													
	水电费													
	电话费													
	宽带费													
	办公用品购置费													
	贷款本息													
	税金													
	固定资产投资													
	开办费													
	其他													
现金流出合计（C）														
月底现金（A+B-C）														

十、风险评估（项目运营过程中可能的风险及应对策略）

_____

_____

_____

_____

_____

_____

_____

_____

_____

_____

_____

_____

附件（其他需要说明的问题或相关证明材料）

参考文献

[1] 杨炜苗. 大学生创新创业:企业家型创业者的培养[M]. 北京:中国传媒大学出版社,2018.

[2] 人力资源和社会保障部职业能力建设司,中国就业培训技术指导中心. 创办你的企业:创业计划培训册[M]. 2版. 北京:中国劳动社会保障出版社,2017.

[3] 郭霖. 自我探索与自我管理[M]. 重庆:重庆大学出版社,2018.

[4] 梅强. 创业基础[M]. 北京:清华大学出版社,2012.

[5] 李家华. 创业基础[M]. 北京:北京师范大学出版社,2013.

[6] 李纲,黄志启. 大学生创业行动手册[M]. 北京:国防工业出版社,2016.

[7] 方伟,王少浪. 大学生就业与创业指导[M]. 西安:世界图书出版公司,2011.

[8] 史梅,徐俊祥,白冰. 大学生创新与创业指导[M]. 北京:现代教育出版社,2015.

[9] 钟宇,朱勇刚,蔡向阳. 创新创业实践能力训练[M]. 镇江:江苏大学出版社,2016.

[10] 伍维根,钟玉泉,陈虎. 大学生就业与创业教育教程[M]. 成都:西南交通大学出版社,2011.

[11] 董平,石爱勤. 职业指导与创业教育[M]. 北京:北京大学出版社,2008.

[12] 徐振轩. 就业指导与创业教育[M]. 北京:电子工业出版社,2006.

[13] 黄荣华,梁立邦. 人本教练模式[M]. 北京:北京联合出版公司,2017.

[14] 崔翰林. 从零开始学开公司[M]. 北京:化学工业出版社,2019.

[15] 张美华,杨复伟. 大学生就业指导[M]. 重庆:重庆大学出版社,2020.

后 记

经过全书的学习,我们对创新创业有了一定的了解:了解到我们大学生今天所处的"双创"时代背景;知道了一名成功的创业者甚至是一名企业家型创业者应该具备的综合创业能力并做了自我评估;学会了如何进行创业项目的选择与评估;了解了团队组建的相关知识和创办企业需要注意的基本的法律常识;初步掌握了资金运作的基本知识;在此基础上,我们分团队完成了自己的创业计划书,甚至进行了项目路演……

此处必须说明一点:"了解"并不等于"掌握","掌握"也不等于"会做","会做"更不等于一定会"成功"。创办企业绝非易事,即使你完成了工商注册,有了自己的工商营业执照,甚至你本人就是企业的"法人",也并不意味着你一定能把企业办好。拿了工商营业执照只是创办企业的开始,你需要做好的日常管理工作非常多:员工的管理、采购的管理、生产的管理、销售的管理、存货的管理、资金的管理……在实际创业过程中,可能还有很多前期无法预测的突发状况,如这次的新冠疫情,对于很多创业者而言都是极大的挑战。

当然,这并不是说大家不可以创业,而是提醒大家一定要慎重选择。在此,再次郑重提醒,本书的核心目标是"培养大学生的创新创业精神,提升大学生的创新创业能力",不是"大学生人人创新创业"。

如果大家决定继续前行:走向创业之路,我们建议大家可以先积累相关的知识和经验,做好充足的准备再行动。在此,我们推荐大家了解一下本书的灵感源泉 SIYB 创业培训项目。

SIYB 创业培训是国际劳工组织(ILO)开发的"创办和改善你的企业"(Start and Improve Your Business)培训项目的简称,它由一系列互相关联的培训产品构成(GYB 产生你的企业想法,SYB 创办你的企业,IYB 改善你的企业,EYB 扩大你的企业),主要为潜在和现有的企业主提供创业和企业管理培训,至今已有 40 多年的历史,在全球 80 多个国家实施,是目前创业培训的国际品牌。项目在中国从 1997 年至今已有 20 多年的历史,以创业促就业,实现就业的倍增效应,为我国双创事业做出了巨大贡献。SIYB 项目在中国具有一定的公益性,在校大学生符合条件可以拿到政府补贴进行免费学习。

亲爱的大学生朋友们,无论你未来选择"就业"还是"创业",都需要具备"创新创业的精神品质":富有激情、敢于承诺、担负责任、善于共赢、有感召力、愿意付出、学会信任、懂得欣赏、相信可能性……具备了这些优良的品质,相信哪怕你不去当创业者,也会成为一名优秀的就业者!

编 者

2021 年 1 月